¡Adiós, AYER!

CINDY TRIMM

CASA CREACIÓN

¡Adiós, AYER!

Las citas bíblicas marcadas (PDT) han sido tomadas de Palabra de Dios para todos, Copyright © 2005, 2008, 2012, Centro Mundial de Traducción de La Biblia, Copyright © 2005, 2008, 2012 World Bible Translation Center.

Traducido por: Madeline Díaz
Diseño de la portada por: Lisa Rae McClure
Director de Diseño: Justin Evans

Originally published in the U.S.A. under the title: Goodbye, Yesterday!
Published by Charisma House, Charisma Media/ Charisma House Book Group
Copyright © 2020 Cindy Trimm
All rights reserved

Visite el sitio web de la autora en www.cindytrimm.com.

Copyright © 2018 Casa Creación
Todos los derechos reservados

Library of Congress Control Number: 2019954787
ISBN: 978-1-62999-271-6
E-book ISBN: 978-1-62999-272-3

Impreso en los Estados Unidos de América
20 21 22 23 24 * 7 6 5 4 3 2 1

CONTENIDO

◆ ◆ ◆

INTRODUCCIÓN

◆ ◆ ◆

Todos estamos en el centro de nuestra
propia narrativa, pero es una narrativa que
cambia cada vez que la volvemos a contar.
—RUTH WARE

HAY ALGO QUE todos nosotros podemos aprender de nuestras experiencias de vida una vez que las interpretamos a través de la lente de la fe. Algunas lecciones son dolorosas y otras son indoloras, pero ninguna de ellas carece de sentido. El primer capítulo del libro de Génesis está brillantemente escrito para ayudarnos a volver a contar nuestras historias de modo que podamos redefinir nuestra vida.

Las historias que nos contamos sobre nuestras experiencias pasadas determinan nuestro futuro. Según un artículo reciente de *Forbes*, "el mayor predictor de todos estos acontecimientos [de la vida] no son los hechos de su situación, sino la historia que usted cuenta".[1] El artículo continúa explicando que existe una epidemia de narración negativa en nuestra cultura que está impregnando nuestra vida personal e interior. Eso suena sombrío. No obstante, el autor del artículo añade que "la buena noticia es que tenemos la capacidad de corregir esto. Y la mejor noticia es que no es tan difícil como usted puede creer".[2]

La psicóloga Kelly McGonigal ha observado que "pequeños cambios en la mentalidad pueden desencadenar una cascada de cambios tan profundos que ponen a prueba los límites de lo que parece posible".[3] Cuando usted cree verdaderamente que "a los que aman a Dios, todas las cosas les ayudan a bien" (Romanos

8:28), su perspectiva cambiará, y al mirar en retrospectiva, verá a Dios llevándolo a través de los momentos más difíciles y se dará cuenta de que ni un solo instante de su vida es un desperdicio.

¿Cuáles son las palabras que usa para contar su historia?

A fin de reiniciar y reclamar su vida, tendrá que reformular la narrativa de su historia de vida para que refleje la narrativa que Dios planeó y se propuso originalmente. Si quiere dejar atrás las cargas que lo agobian, tendrá que aprender a contar su historia desde un punto de vista diferente: el punto de vista de la fe. Las historias que usted elige contar hoy —ya sean hilvanadas en la fe o el miedo; en el resentimiento, el arrepentimiento o la gratitud— le dan forma al mañana de su futuro. La historia que Dios escogió contar en el primer capítulo de Génesis le dio forma al mundo tal como lo conocemos hoy. Elegí incluir la historia de Génesis en el mensaje de este libro porque lo ayudará a entender cómo darle forma a su vida diaria. Este libro está escrito para ayudarlo a ganar perspectiva y obtener una mayor apreciación del Dios que vive dentro de usted. Él es "nuestro amparo y fortaleza, nuestro pronto auxilio en las tribulaciones" (Salmos 46:1).

En la primera entrega de esta serie de tres libros, *Declara bendición sobre tu día*, usted aprendió la importancia de observar sus palabras. Mucha gente camina por la vida tartamudeando y repitiéndose debido a que siguen contando las mismas historias sobre su pasado una y otra vez. En el segundo libro, *¡Hola, mañana!*, aprendió de qué manera establecer una visión para su vida puede ayudarlo a romper los ciclos negativos, ya que su mañana no tiene que parecerse a su ayer. En este último libro, *¡Adiós, ayer!*, aprenderá que todos nosotros tenemos potencial para la grandeza; para lograr grandes cosas, establecer relaciones asombrosas y crear obras maestras maravillosas en nuestra vida. El potencial es el regalo de Dios para usted. Que usted maximice su potencial es su regalo para Él.

Después de una gran cantidad de oración y meditación sobre cómo compartir un mensaje fresco de fe luego de los muchos libros ya escritos, descubrí hermosas verdades a partir de la historia de la creación que se encuentra en Génesis. A partir del primer capítulo de Génesis, extrapolé principios que sentí que podían ayudarlo a despegar y liberarlo de los ciclos negativos que dominan su vida, y potencialmente a su familia y comunidades. Vi conceptos y claves que le permitirían dejar de repetir los mismos viejos ciclos una y otra vez, reformulando su pasado, recargando su presente, reclamando su futuro y restaurando su destino.

Mientras que entendemos intuitivamente que el pasado moldea el futuro, el presente también moldea cómo vemos el pasado. Usted puede recalibrar su realidad presente no solo creando una nueva visión del futuro,[4] sino también redefiniendo la visión que tiene de sus experiencias pasadas. Me doy cuenta de que no puede volver a su pasado para empezar de nuevo, pero puede empezar ahora a escribir un nuevo futuro contando una nueva historia. Podrá estar de acuerdo con las palabras de Dios para su vida, de modo que, sin las trabas de su pasado, sea capaz de declarar con audacia: "Aquí estoy. Como está escrito acerca de mí en las Escrituras" (Salmos 40:7, NTV).

LA FUERZA DE LA FE

La Escritura dice: "Por la fe entendemos haber sido constituido el universo por la palabra de Dios" (Hebreos 11:3). Entonces, ¿cómo usted, que fue creado a su imagen, está definiendo su propia vida? A menudo definimos nuestra vida basándonos en los fracasos o decepciones del pasado. Vamos de persona a persona, de relación en relación, contando nuestra triste historia, preguntándonos por qué nada parece mejorar. Debemos aprender a cambiar la narrativa, a replantear el pasado para que por la fe podamos construir un futuro mejor para nosotros mismos y los que amamos.

Las ideas de Génesis presentadas en este libro lo ayudarán a crear una nueva historia para su vida y a reforzar su fe. La historia de Génesis no es solo sobre los comienzos; es sobre los nuevos comienzos. Aquí se nos presenta cómo Dios redefinió su realidad y cómo nosotros somos capaces de redefinir la nuestra. ¿Cómo comenzó Dios la formación y reformación de una tierra que yacía desperdiciada? Él no se convirtió en un comentarista o se quejó del caos y las tinieblas; en cambio, en su omnipotencia, llamó a la luz a la existencia.

Así debería ser con usted y conmigo. Debemos empezar exactamente donde estamos ahora mismo. Debemos pedirle a Dios que traiga la iluminación a nuestras mentes y nos dé sabiduría, para que podamos tomar decisiones que alineen nuestras vidas con su voluntad. Usted no puede empezar donde no está. Solo puede empezar a partir de donde se encuentra ahora. Desde este momento, debe asumir el cien por ciento de la responsabilidad de su vida. Debe resistirse a culpar a los demás. Apóyese menos en los demás y más en Dios. Así como

Dios utilizó por completo su habilidad creativa para redefinir, recrear, recargar y restaurar la atmósfera de la manera que Él deseaba que fuera, usted también puede hacerlo. Él no llamó a esas cosas que eran como si no fuesen. No deseaba que las cosas cambiaran y esperó con complacencia. ¡No! Él usó el poder de la palabra hablada y llamó a aquellas cosas que no eran como si fuesen (Romanos 4:17).

Dios demostró para nosotros cómo la fe alimenta nuestro futuro. La fe comienza con la positividad y la capacidad de decidir lo que vamos a hacer en el lugar donde estamos. La fe es como un sistema GPS; no empieza donde usted quiere terminar. En lugar de eso, comienza donde usted está, y ahí es exactamente donde necesita estar para comenzar. Desear hallarse en otro lugar no es lo mismo que estar en otro lugar. Usted tiene que poner en acción sus deseos, sueños y metas, porque "la fe sin obras es muerta" (Santiago 2:20).

Uno de mis mentores, Les Brown, habló de cómo había luchado con muchas emociones negativas con respecto a su adopción. Un día un amigo lo escuchó hablar negativamente sobre su experiencia y le dijo que tenía que cambiar la forma en que estaba pensando sobre esta situación en particular. Él le indicó a Les que mientras la mayoría de los niños nacen de padres que no los eligieron, su madre adoptiva entró en esa habitación y lo eligió por amor. Ella no fue forzada a adoptarlo, sino que eligió hacerlo, y lo que es más importante, lo eligió a él. Les habla de ese momento como de una alteración de su destino. En ese momento tuvo un cambio de perspectiva, y por lo tanto un cambio de narrativa.

De la misma manera, usted y yo hemos sido elegidos en

Cristo por amor, y esto nos da la oportunidad de cambiar nuestra perspectiva sobre nuestra vida y nuestra propia narrativa. Esa elección nos proporciona la capacidad de hacer lo que muchas otras personas no pueden hacer: empezar de nuevo.

> De modo que si alguno está en Cristo, nueva criatura es; las cosas viejas pasaron; he aquí todas son hechas nuevas.
>
> —2 Corintios 5:17

En Cristo, nacemos de nuevo. Usted es una nueva creación que se despierta cada día a las misericordias de Dios que son nuevas cada mañana (Lamentaciones 3:22-23). Esto no es por nuestra propia fuerza, ni por nuestro poder, sino por el Espíritu del Señor (Zacarías 4:6).

Les Brown tuvo que redefinir la narrativa de su pasado. Cuando lo hizo, fue capaz de superar las emociones negativas del resentimiento y la vergüenza. Todo esto sucedió en el momento en que pudo reajustar su perspectiva y contar una nueva historia sobre quién era. Como resultado, hoy es uno de los oradores motivacionales más influyentes e impactantes de nuestra generación.

Usted tiene un gran potencial que ha sido restringido por los límites emocionales que se ha impuesto a sí mismo; restricciones autoimpuestas que le impiden avanzar hacia su destino más grande. Era joven, inmaduro y vulnerable cuando le ocurrieron muchas cosas. Sin embargo, ahora ya no tiene que vivir su vida desde un lugar de vulnerabilidad. ¡Puede recuperar su poder personal!

Este libro trata sobre amarse a sí mismo en la búsqueda del

destino con el que ha soñado y el impresionante futuro que Dios tiene para usted. Trata de recuperar la perspectiva y reavivar la fe. Trata de las diferentes dinámicas de la fe que le darán el poder para ir a donde Dios le ha ordenado ir.

La fe es una disciplina que debe ser ejercida, y es una ley que debe ser puesta en práctica. A medida que se le presentan las doce leyes de la fe que desafía los límites, aprenderá las reglas y los protocolos para activarlas. Estará equipado para aplicar prácticamente cada principio a fin de redirigir su vida.

Es mi oración que al leer las cuatro secciones de este libro experimente un cambio increíble. ¡Oro para que pueda decirle adiós al ayer mientras redefine, recarga, reclama y restaura su fe en el mañana de sus sueños! Si ha llegado hasta aquí, a pesar de sus desafíos, retrocesos y desvíos, ¿qué otras cosas increíbles es capaz de lograr? El último capítulo de su vida aún no ha sido escrito. ¡Haga que este próximo capítulo sea épico!

PRIMERA PARTE

· · ·

Redefina

• • •

CAPÍTULO 1

Ponga lo primero en primer lugar

LA LEY DE LA PRIORIZACIÓN

En el principio creó Dios los cielos y la tierra.
—Génesis 1:1

UN ABOGADO DEFENSOR camina hacia el frente de la sala del tribunal. El silencio cae sobre las personas cuando da inicio a su argumento de apertura, su defensa hermética. Su declaración está bien preparada debido a que es la verdad, y establecerá los hechos más allá de toda duda razonable. Con una confianza ilimitada, empieza.

"En el principio era el Verbo, y el Verbo era con Dios, y el Verbo era Dios" [...] "Todas las cosas por él fueron hechas, y sin él nada de lo que ha sido hecho, fue hecho. En él estaba la vida, y la vida era la luz de los hombres" [...] Él es "el Alfa y la Omega, el primero y el último". No necesitamos buscar más lejos al "autor y consumador de la fe". No tengo más comentarios que hacer.

—Juan 1:1, 3-4; Apocalipsis 1:11; Hebreos 12:2

¿Quién es este Dios que estaba allí en el principio? No se nos revela nada acerca de los antecedentes o las calificaciones de la mente maestra del Dios Creador. Simplemente se nos presenta al ingeniero divino, Dios mismo, que es el único que puede hablar en su nombre. Por lo tanto, que conste en el acta su introducción declarada: "YO SOY EL QUE SOY" (Éxodo 3:14).

Por su propia palabra hizo la siguiente declaración, tal como el profeta Isaías registró textualmente:

> Yo soy el primero, y yo soy el postrero, y fuera de mí no hay Dios. ¿Y quién proclamará lo venidero, lo declarará, y lo pondrá en orden delante de mí, como hago yo desde que establecí el pueblo antiguo? Anúncienles lo que viene, y lo que está por venir. No temáis, ni os amedrentéis; ¿no te lo hice oír desde la antigüedad, y te lo dije? Luego vosotros sois mis testigos. No hay Dios sino yo. No hay Fuerte; no conozco ninguno.

> —Isaías 44:6-8

La declaración inicial de Génesis 1:1 no habla de la ascendencia de Dios, porque se acepta que Él siempre fue y siempre será el eterno que existe por sí mismo, "el Señor Dios Todopoderoso, el que era, el que es, y el que ha de venir" (Apocalipsis 4:8). No se necesita un currículum formal para calificarlo. Nada se añade para saciar nuestra curiosidad, confirmar nuestra teología, ratificar nuestra filosofía o validar nuestra hipótesis. Esta frase inicial se presenta como la declaración de un hecho indiscutible, y por lo tanto se espera que sea recibida con una fe incondicional, porque "por la fe entendemos haber sido constituido el universo por la palabra de Dios, de modo que lo que se ve fue hecho de lo que no se veía" (Hebreos 11:3).

Los argumentos iniciales de Dios que describen su actividad creadora, la cual todo el cuerpo de la Escritura corrobora y la evidencia histórica ha validado más que refutado, desafían cualquier noción de incredulidad atea. El universo fue traído a la existencia por el Dios creador, no a través de un proceso natural. El filósofo no cristiano J. S. Mill declaró: "Es científicamente imposible que la naturaleza se haga a sí misma".[1] El autor Fritz Chery escribe: "El ateísmo no puede explicar la existencia. Los ateos viven basándose en la ciencia, pero la ciencia (siempre) cambia. Dios y la Biblia (siempre) permanecen siendo los mismos".[2]

¿Cómo creó Dios el universo? Lo creó a través de la energía sobrenatural de la fe. Las palabras de Dios revelaron su fe, que es "la certeza de lo que se espera" (Hebreos 11:1). Lo que Él esperaba se convirtió en certeza, nuestro universo.

COMENZAR DE NUEVO ES UN PROCESO CONTINUO

En el épico versículo inicial de la Biblia, dos palabras fundamentales nos ayudan a entender su significado más profundo. La palabra *principio* proviene del hebreo *re'shiyth*,[3] que no incluye el artículo *el* y tal vez podría ser traducido con mayor precisión como "en *un* principio". ¿Qué significa esto para nosotros? Dios

5

es el Dios de los nuevos comienzos, de la renovación continua, de las nuevas misericordias cada mañana (Lamentaciones 3:22-23).

La vida está llena de nuevos comienzos. Todo nuevo comienzo requiere una decisión. Dios tomó una decisión en el principio cuando llevó a cabo la creación de los cielos y la tierra. Cualquier nuevo comienzo es una elección. Usted elige el amanecer de cada nuevo día para levantarse de la cama. Elige confiar en que Dios estará con usted todo el día. Elige orar o no. Elige los pensamientos que piensa y las palabras que dice. Elige tanto lo que entra en su boca como lo que sale de ella. Siempre tiene una elección.

Nunca piense que no tiene opciones o que su situación no se puede resolver. Mientras elija permitir que el Espíritu de Dios obre en su vida, siempre tendrá la oportunidad de elegir un resultado diferente. Incluso si la única decisión que hace hoy es honrar a Dios poniendo su fe en Él y manteniendo una actitud positiva frente a la negatividad que le rodea, su elección cambiará la atmósfera. Su energía infundida por el Espíritu Santo afectará el ambiente a tal grado que finalmente las cosas cambiarán a su favor.[4]

Siembre con gratitud y coseche con su favor. No hay otra manera de entrar en la presencia de Dios, de entrar en sus atrios, que a través de la acción de gracias y la alabanza (Salmos 100:4). El antídoto para una resaca de amargura son las olas de gratitud. Muchas personas están amargadas, lo cual es el fruto de la autocompasión. Sin embargo, cuando aparte su mente de usted mismo y sus circunstancias y ponga sus pensamientos en su Padre celestial y su reino, su amargura se desvanecerá.

No tiene que vivir con miedo cuando la fe está disponible

para usted a petición. Jesús instruye repetidamente: "No temas; cree solamente" (Lucas 8:50). ¡Cuando usted experimenta un revés perjudicial, la fe le permite saber que Dios está obrando en una situación sobrenatural! El mismo Dios que a través del poder vivificante del Espíritu Santo produjo vida en la tierra y debajo del mar en Génesis 1, producirá cosas asombrosas en su vida. Él vivificará el potencial y los dones latentes que puso en usted antes de que naciera.

"Escogeos hoy a quién sirváis" (Josué 24:15). Elija cambiar su futuro activando su fe, no solo en Dios, sino en la persona que Él lo creó para ser. Recuerde, lo que está delante de usted es mucho más grande que lo que está detrás. Y lo que yace en su interior es mucho más grande que ambas cosas. Dios está siempre en el proceso de madurarlo, de edificar su capacidad para que llegue a ser y logre más, de maximizar el potencial que depositó en usted el día en que fue concebido. Véase como Dios lo ve. Apóyese en Él. Confíe en Él. Aprenda a descansar y deleitarte en Él. "No te apoyes en tu propia prudencia", dice Proverbios 3:5. Usted simplemente debe elegir un nuevo comienzo, un inicio renovado.

Uno de los mejores momentos para tener un nuevo comienzo es cuando algo llega a su fin. El novelista Arnold Bennett dijo una vez: "La principal belleza de la provisión constante de tiempo es que no se puede desperdiciar de antemano. El año siguiente, el día siguiente, la hora siguiente están listos para usted, tan perfectos, tan intactos, como si nunca hubiera desperdiciado o empleado mal un solo momento en toda su carrera [...] Puede pasar la página a cada hora si lo desea".[5]

Sume estos pensamientos a lo que puede aprender de la palabra *creó* a partir de Génesis 1:1. La misma proviene del término hebreo *bara'*, que en realidad significa "formar" o "crear", pero también tiene la connotación de cortar o eliminar.[6] Así como algunos creen que la escultura implica un proceso de eliminar lo superfluo para revelar la figura dentro del mármol, Dios siempre está en el proceso de eliminar lo superfluo de su vida.

A lo largo de toda la Biblia fluye la idea de suprimir las cosas que son perjudiciales para usted. "Líbrense de toda amargura, furia, enojo, palabras ásperas, calumnias y toda clase de mala conducta" (Efesios 4:31, NTV). "Despójense de toda inmundicia y de la maldad que tanto abunda" (Santiago 1:21). Deshágase de "las cosas movibles, como cosas hechas, para que queden las inconmovibles" (Hebreos 12:27).

Esta eliminación es tanto un proceso de inicio como de creación. No se puede crear lo nuevo sin deshacerse de lo viejo. Porque "nadie echa vino nuevo en odres viejos; de otra manera, el vino nuevo rompe los odres, y el vino se derrama, y los odres se pierden; pero el vino nuevo en odres nuevos se ha de echar" (Marcos 2:22). ¿De cuáles odres viejos necesita deshacerse? ¿Cuáles son algunas de las cosas viejas de las que necesita despedirse para poder darle la bienvenida a algo nuevo?

Mi experiencia en psicoterapia me ha demostrado que esto no es tan fácil de hacer como parece. Si lo fuera, no necesitaría escribir un libro entero sobre ello. No obstante, las verdades simples que se encuentran en la Palabra de Dios representan leyes espirituales que usted puede elegir poner en práctica en su vida. Estos principios claros y estrategias prácticas lo ayudarán a decirle adiós a lo que sea que le está impidiendo alcanzar su mañana preferido. Porque sabemos como un hecho que Dios le ha dado todo lo que necesita para la vida y la piedad (2 Pedro 1:3). Él le ha dado el poder y el potencial para crear la vida de sus sueños. En realidad, es Dios quien le ha dado el poder de soñar. Usted está hecho a la imagen de su Creador; tiene el ADN del mejor y más imaginativo ingeniero. Si Dios puede imaginar un nuevo día con el amanecer de cada nueva mañana, Él puede ayudarlo a volver a imaginar su vida.

Dios está en el negocio de crear algo de la nada, de encontrar esa hermosa escultura escondida en la roca. Él desea eliminar todo lo que es superfluo. Y todo lo que requiere es que usted se libere de algunas cosas, que se desate de las ataduras emocionales del alma,[7] y se deshaga del desorden y los trastos que le impiden entrar en su descanso, toda esa basura en su baúl que pone rígido su cuello y endurece su corazón. No deje de entrar en el reposo que Él ha preparado para usted.

> Todavía falta que algunos entren en ese reposo, y los primeros a quienes se les anunció la buena noticia no entraron por causa de su desobediencia. Por eso, Dios volvió a fijar un día, que es "hoy" [...] "Si ustedes oyen hoy su voz, no endurezcan el corazón".
> —Hebreos 4:6-7, NVI

Como un ciudadano del reino de los cielos nacido de nuevo, usted está invitado a la paz perfecta de Dios y al lugar protegido de la prosperidad divina.[8] Deje que Dios le muestre lo que necesita dejar atrás para que Él pueda llevarlo a recibir las promesas que ha preparado para usted. Este es un camino de fe. Se necesita fe para liberarse y permitir que Dios se mueva en sus circunstancias. Se necesita fe para creer que Él está disponiendo todas las cosas para su mayor bien (Romanos 8:28). Se necesita fe para confiar en que Dios tiene su mejor interés en el corazón, que no solo lo ama, sino que también se preocupa por usted (1 Pedro 5:7). Él lo guardará (Salmos 121) y lo establecerá (1 Pedro 5:10). Se necesita fe para confiar en que Él es fiel (1 Corintios 10:13). Esa fe simple requiere que usted mantenga sus ojos en Él (Hebreos 12:2) y en su bondad y gracia.

La Biblia comienza con Dios, y todas las cosas buenas surgen a partir de allí. "Dios miró todo lo que había hecho, y consideró que era muy bueno" (Génesis 1:31, NVI), porque "toda buena dádiva y todo don perfecto desciende de lo alto" (Santiago 1:17). Es por eso que creo que quien empieza con Dios también tendrá todas las cosas buenas.

LA LEY DE LA PRIORIZACIÓN

Algunas cosas parecen demasiado simples para ser verdad, como la verdad de que cuando usted pone a Dios en primer lugar, Él se encargará del resto. "Vuestro Padre celestial sabe que tenéis necesidad de todas estas cosas. Mas buscad primeramente el reino de Dios y su justicia, y todas estas cosas os serán añadidas" (Mateo 6:32-33). Eso no es muy complicado, ¿cierto? El curso de Sabiduría 101 podría decir: "Fíate de Jehová de todo tu corazón, y no te apoyes en tu propia prudencia. Reconócelo en todos tus caminos, y él enderezará tus veredas" (Proverbios 3:5-6).

Hay una única cosa que se le llama a hacer: "Amarás al Señor tu Dios con todo tu corazón, con toda tu alma, con toda tu mente y con todas tus fuerzas" (Marcos 12:30). ¿Por qué esto resulta tan crítico para que se mueva más allá de su pasado y hacia el futuro que ha imaginado?[9] Porque esta disciplina se refiere a la actitud que adopta su corazón, lo que le permitirá enfocarse en lo que es importante y priorizar lo requerido.

Si lee la Biblia, verá el tema general del gran amor de Dios por usted. Lo bueno es que Dios es inmutable, así que puede tener confianza en su amor. Dios está de su parte y lo apoya. "Si Dios es por nosotros, ¿quién contra nosotros? El que no escatimó ni a su propio Hijo, sino que lo entregó por todos nosotros, ¿cómo no nos dará también con él todas las cosas" (Romanos 8:31-32).

Haga de Dios su prioridad en todo. Haga que su relación con Él sea más importante que cualquier otra cosa. El amor es un acto de intimidad. Es un don de Dios y es el precursor de la fe. Así como el amor es un don, también lo es la fe.

La fe implica confiar en la autosuficiencia de su Dios, cuyo amor lo lleva más allá de solo confiar en Él hasta permitir que lo sane. La fe es confiar en el sanador mismo. No significa solo confiar en Dios para que supla todas sus necesidades, sino confiar en Jehová Jireh mismo. No se trata del don, sino del dador del don.

No es fácil confiar en Dios para esperar su provisión, protección y prosperidad, especialmente en medio de los tiempos difíciles y las circunstancias desafiantes. La fe es un negocio arriesgado, porque queremos predictibilidad. Con el tiempo aprendimos a hacer las cosas a nuestra manera, con nuestras propias fuerzas. Aprendimos a ser autosuficientes. Sin embargo, hacer de Dios, su reino y su justicia una prioridad le permitirá alinear su fe, sus motivaciones, decisiones y acciones, a fin de estar posicionado para el éxito.

Con Dios como su prioridad, será capaz de estructurar

las rutinas de su vida, los pensamientos de su mente y todos sus objetivos y comportamientos sabiamente. "Dios es quien produce en ustedes tanto el querer como el hacer para que se cumpla su buena voluntad" (Filipenses 2:13, NVI). Usted reconocerá su voz y discernirá su voluntad en cada situación. Estará tan concentrado en correr la carrera que se le ha fijado por delante, en proseguir "a la meta, al premio del supremo llamamiento de Dios en Cristo Jesús" (Filipenses 3:14), que olvidará los remordimientos o tristezas que lo han desanimado en el pasado. Pablo escribió: "Me concentro únicamente en esto: olvido el pasado y fijo la mirada en lo que tengo por delante" (v. 13, NTV). Deje de permitir que el recuerdo de un ayer malo arruine un hoy potencialmente bueno o sabotee un mañana impresionante. En Isaías se nos promete que cuando nos enfoquemos en ese llamado ascendente de Dios —su justicia, paz, y el gozo que se encuentra en su presencia— tendremos su paz: "Tú guardarás en completa paz a aquel cuyo pensamiento en ti persevera; porque en ti ha confiado" (Isaías 26:3).

Las computadoras pueden quedarse bloqueadas debido a que demasiadas aplicaciones se están ejecutando en un segundo plano. ¿Le ha sucedido alguna vez? Hay tantas ventanas y sitios abiertos que todo lo que ve es ese pequeño disco girando. ¿Cuánto tiempo ha perdido observándolo, esperando a que se resuelva el problema? A veces todo lo que puede hacer es apagar el equipo a la fuerza para reiniciar el sistema.

Si usted es como yo, abre cosas en su computadora que no tiene tiempo de ver. Sin embargo, las mantiene abiertas por si acaso, y luego se olvida de ellas mientras sigue abriendo cada vez más. Es una disciplina mantener abierto solo lo que necesita, solo lo único que le servirá para su propósito más elevado. De la misma manera, cuando se trata de su vida, podría ser prudente cerrar todo lo que está compitiendo por su energía mental y drenando su poder. Tal vez sea necesario apagar a la fuerza algunas "aplicaciones" que puede haber olvidado. La ley de las prioridades es un principio que cambia el juego. No participe en ninguna actividad que no comience con Dios. Consulte a Dios antes de establecer relaciones, participar en eventos, iniciar un negocio o contemplar un ministerio. Busque el rostro de Dios. Busque a Dios primero y confíe en Él en el proceso. No empiece algo y luego se esfuerce para llegar a Dios. Comience con Dios y vaya hacia abajo.

> Deléitate en el SEÑOR, y él te concederá los deseos de tu corazón. Entrega al SEÑOR TODO LO QUE HACES; confía en él, y él te ayudará. Él hará resplandecer tu inocencia como el amanecer, y la justicia de tu causa brillará como el sol de mediodía.
> —SALMOS 37:4-6, NTV

Vemos este principio en la vida del joven rey Uzías, que tenía solo dieciséis años cuando llegó al poder (2 Crónicas 26:1). La Escritura dice de él: "Y persistió en buscar a Dios en los días de Zacarías, entendido en visiones de Dios; y en estos días en que buscó a Jehová, él le prosperó" (v. 5). Uzías fue inspirado por Dios para hacer grandes hazañas en su día, y así debe ser.

USTED TIENE ESTO PORQUE DIOS LO TIENE A USTED

Lo que Dios creó al principio era un reflejo de la naturaleza y la perfección de nuestro Dios Creador. Su creación era digna de toda su atención, ¡y eso lo incluye a usted! Ahora, puede hacer lo que quiere con lo que Dios creó. Usted está aquí en la tierra para ejercer el dominio sobre su creación (Génesis 1:26). Esto requiere tener fe en su Padre, el Dios Creador. Él lo puso a cargo del medio ambiente y le dio el mandato de ejercer su dominio sobre él como su administrador designado. Usted tiene su sello de aprobación. No busque al hombre para que lo valide, sino a Dios. (Ver Lucas 14:10.)

Su fe no necesita descansar en la sabiduría de la cultura o en la ciencia de hoy. En cambio, se basa en la Palabra de Dios. La frase "en el principio creó Dios" nos indica que Dios estaba allí en nuestro comienzo como el eterno omnipresente, pero también como un ser profundamente personal. Usted no sirve a un Dios impersonal. Sirve a un Dios que es asequible y alcanzable y que puede "compadecerse de nuestras debilidades" (Hebreos 4:15). Eso lo hace no solo el Dios de los comienzos, sino también el Dios de los nuevos comienzos.

No importa dónde se encuentre en la vida o cuán lejos se haya alejado de Dios, Él puede ayudarlo a comenzar de nuevo. Solo ensanche su fe y crea que Él es quien dice que es. "Cualquiera que se acerca a Dios tiene que creer que él existe y que recompensa a quienes lo buscan" (Hebreos 11:6, NVI). Debemos tener fe en su ser, porque "sin fe es imposible agradar a Dios" (v. 6). Para poder hacer algo de esto, debemos ser capaces de confiar en su Palabra.

Todos los días usted tiene que tomar decisiones. Puede elegir creer en la irrefutable Palabra de Dios y ser firme en cuanto a eso, o puede permitir que fuerzas externas controlen cómo responde a las circunstancias de la vida. Confíe en Dios y haga de la búsqueda de su reino su prioridad.[10] Escoja deshacerse del desorden del pasado, y en cambio permita que el Espíritu Santo obtenga lo mejor de su potencial presente. La elección no pertenece a nadie más que a usted. Recuerde, no puede empezar desde donde no está, sino solo desde donde se halla ahora. El lugar donde se encuentra ahora mismo es exactamente donde necesita estar para empezar de nuevo.

Y aunque tu principio haya sido pequeño, tu postrer estado será muy grande.

—Job 8:7

— • • • —

CAPÍTULO 2

Empiece donde está

LA LEY DE LA TRANSICIÓN

Y la tierra estaba desordenada y vacía, y las
tinieblas estaban sobre la faz del abismo, y
el Espíritu de Dios se movía sobre la faz
de las aguas. Y dijo Dios: Sea la luz; y fue
la luz. Y vio Dios que la luz era buena.
—Génesis 1:2-4

CUANDO DIOS CREÓ el cielo y la tierra (Génesis 1:1), dejó su
firma para asegurarse de que todos supieran que lo que Él
creó era digno de toda su atención. La creación constituía un
reflejo de la naturaleza y la perfección del Dios Creador, muy
diferente al caos del que surgió el mundo tal como lo conocemos.

El hecho de que la Biblia diga que "la tierra estaba desordenada y vacía" implica que este no era el estado original de
la tierra, y por lo tanto debemos concluir que algo catastrófico
ocurrió entre Génesis 1:1 y Génesis 1:2. El autor Michael Jacob
lo explica de la siguiente manera:

> Hace más de cien años, el Dr. Chalmers señaló
> que las palabras "la tierra estaba deshabitada"
> también podrían traducirse como "la tierra se

volvió deshabitada". El Dr. I. M. Haldeman, G. H. Pember y otros mostraron que la palabra hebrea que se traduce como "estaba" aquí ha sido traducida como "se volvió" en Génesis 19:26 [...] Vemos que el mundo en Génesis 1:1 era muy diferente al mundo que vino después de Génesis 1:3. ¿Quién puede medir la distancia que existe entre "creado" y "hecho"? Lo uno es llamar a las cosas a la existencia de la nada, lo otro implica un trabajo sobre algo que ya está ahí. El hombre puede hacer, pero no puede crear. Dios puede crear y también hacer.[1]

Dios comenzó esta maravillosa creación en medio de la oscuridad y sobre el vacío del caos. Sin embargo, la presencia del Espíritu de Dios se cernía para poner orden.

Esta oscuridad y este caos llegaron para Milton Erickson en 1919, cuando era un adolescente. Erickson, un influyente psicólogo del siglo veinte, se despertó una mañana para descubrir que algunas partes de su cuerpo estaban paralizadas.[2] Pronto cayó en coma, despertándose tres días después para descubrir que la parálisis se había extendido a todo su cuerpo. No podía moverse ni hablar, pero aun así podía mover sus ojos a fin de mirar a su alrededor.

Unos años después de que los médicos dijeran que nunca se recuperaría, Erickson estaba caminando. Comenzó disciplinando su mente, y durante los siguientes años fue capaz de reavivar las vías neurales que dispararían los músculos que necesitaba para moverse. En el proceso de enseñarse a sí mismo las habilidades motoras que requería para caminar por su cuenta, observó cómo funciona la mente inconsciente.

Robert Greene describe este momento trascendental en *Las leyes de la naturaleza humana*:

> Como si olvidara momentáneamente su parálisis, en su mente comenzó a ponerse de pie, y por un breve segundo experimentó el espasmo de un músculo en su pierna, la primera vez que sentía algún movimiento en su cuerpo. Los médicos le habían dicho a su madre que no volvería a caminar, pero antes se habían equivocado. Basado en este simple espasmo, decidió intentar un experimento. Él se enfocaba profundamente en un músculo particular de su pierna, recordando la sensación que tenía antes de su parálisis, deseando con fuerza moverlo e imaginando que funcionaba de nuevo. Su enfermera masajeaba entonces esa área, y lentamente, con un éxito intermitente, él sentía un tic y luego el movimiento más mínimo regresando al músculo. A través de este proceso insoportablemente lento, aprendió a pararse, luego a dar unos pasos, luego a andar alrededor de su habitación, luego a caminar afuera, aumentando las distancias.
>
> De alguna manera, gracias a su fuerza de voluntad e imaginación, pudo alterar su condición física y recuperar el movimiento completo. Evidentemente, según pudo darse cuenta, la mente y el cuerpo operan juntos en maneras de las que apenas somos conscientes.[3]

A pesar de sus desafíos personales, o quizás debido a ellos, Erickson llegó a ser médico y psiquiatra. Su historia demuestra lo que la Escritura declara sobre nosotros en Proverbios 23:7: "Porque cual es su pensamiento en su corazón, tal es él". Del oscuro caos de Erickson surgió la luz de la transformación positiva. Moverse desde donde usted está ahora hacia donde quiere estar comienza en la mente.

Por supuesto, esto es más fácil de decir que de hacer; pero como con todas las cosas difíciles, se vuelve más fácil con la práctica. No importa qué tinieblas y caos se arremolinen a su alrededor, el mismo Espíritu que "se movía sobre la faz de las aguas" reside en usted. El mismo Espíritu de Cristo que estaba allí al principio está aquí con usted ahora.

En Él, usted también puede traer luz a su situación oscura. Puede hablar de paz en medio del caos y declarar la Palabra de Dios y sus promesas justo donde se encuentra. No es posible retroceder en el tiempo y cambiar los sucesos que llevaron a sus circunstancias actuales, pero puede comenzar donde están en el presente aprovechando el poder de su fe para redefinir el futuro. El Espíritu Santo en su vida es su GPS. Él conoce el terreno de su destino y lo guiará desde donde está a lugares increíblemente bendecidos por Dios.

LA LEY DE LA TRANSICIÓN

La salud y la movilidad de Erickson habían llegado a su fin. Entre este lóbrego diagnóstico y la recuperación del movimiento hubo un período de transición, y lo que hizo durante ese tiempo resultó crucial para su éxito futuro. Las acciones que llevó a cabo durante el período entre el deseo y la manifestación llevaron a la trasformación del paisaje de su futuro.

Las transiciones no siempre tienen que ver con cambiar sus circunstancias, sino con ser cambiado por ellas. Su respuesta a estas transiciones las hará soportables y fructíferas o insoportables e improductivas. Su forma de pensar determinará si su respuesta se basará en el miedo o la fe. Su paradigma de pensamiento determinará su percepción de su situación. A veces Dios usa su situación para ayudarlo a ajustar su percepción y su actitud a fin de aumentar su nivel de autodominio.

La gran pregunta aquí es: ¿está dispuesto a permitir que Dios le muestre su plan supremo? ¿Puede decir con confianza: "Esto es solo una transición, y estoy saliendo de ello"? Podemos restringir nuestro propio crecimiento debido a que tenemos una visión estrecha de cómo Dios está obrando en nuestra vida a fin de edificar nuestra capacidad y darnos poder para romper los límites que nos hemos impuesto o para ampliar nuestra influencia. Dios se dedica a la expansión. (Véase Isaías 54:2.) Así como Él orquestó el universo para que se expandiera continuamente, así también orquesta los eventos de nuestra vida para que se produzca una expansión.

Cualquier tipo de expansión requiere transición. La transición le da la oportunidad de revisar su pasado y volver a escribir la narrativa de su futuro ajustando su percepción de cada experiencia. Usted no puede cambiar lo que le sucedió en el pasado. No puede volver a empezar de nuevo. Sin embargo, puede reiniciar ahora para tener un nuevo final.

Permita que Dios le dé una nueva estrategia. Usted tiene la mente de Cristo: "Haya, pues, en vosotros este sentir que hubo también en Cristo Jesús, el cual, siendo en forma de Dios, no estimó el ser igual a Dios como cosa a que aferrarse, sino que se despojó a sí mismo" (Filipenses 2:5-7). A veces precisa hacer cosas que no desea hacer o que no cree que tenga la fuerza mental para hacer. Esto requerirá que renueve su mente para que pueda expandir lo que considera que son sus capacidades. Así es como usted resulta transformado (Romanos 12:2). Recuerdo lo que observó Viktor Frankl, el sobreviviente del Holocausto: "Cuando ya no somos capaces de cambiar una situación [...] somos desafiados a cambiar nosotros mismos".[4]

La transformación es siempre el resultado de una transición. No tenga miedo de la transición, ya que es el único camino que lo puede llevar desde donde está hoy hasta donde desea estar mañana. Considere la transición como la génesis de su transformación.

No luche con su pasado. En vez de eso, reflexione en sus luchas pasadas el tiempo suficiente para revisar elementos específicos que apuntan a la soberanía de Dios y la necesidad de cambio. Recuerde, Dios tiene una manera de usar todas las partes de nuestra experiencia humana para algo aún más grande, algo que no siempre somos capaces de comprender con nuestro entendimiento limitado.

Debe elegir ejercer la fe, sabiendo que el Espíritu de Dios está obrando activamente en y a través de su vida, porque "no hemos recibido el espíritu del mundo, sino el Espíritu que proviene de Dios, para que sepamos lo que Dios nos ha concedido" (1 Corintios 2:12). El Espíritu Santo que mora en usted le revelará estas cosas, y usted puede declararlas sobre su vida. Las mismas vendrán como chispas de revelación, pero depende de usted tomar posesión de ellas.

SEA DUEÑO DEL LUGAR DONDE ESTÁ

De la misma manera, Dios puede usar todas sus experiencias caóticas para el bien, incluyendo cada lugar oscuro de incertidumbre.

> Y sabemos que a los que aman a Dios, todas las cosas les ayudan a bien, esto es, a los que conforme a su propósito son llamados. Porque a los que antes conoció, también los predestinó para que fuesen hechos conformes a la imagen de su Hijo, para que él sea el primogénito entre muchos hermanos.
> —Romanos 8:28-29

Aquí vemos el genio de Dios al activar la transformación humana. Dios comenzó el proceso de transformación en medio de un estado caótico. Él no se lamentó de lo obvio, sino que llamó a "las cosas que no son, como si fuesen" (Romanos 4:17). Comenzó con lo que tenía y dónde estaba; metafóricamente hablando, al final de una temporada y al principio de otra. Y uso aquí la palabra *temporada* solo para ayudarnos a conceptualizar el final de algo. El caos, el vacío y las tinieblas estaban llegando a su fin cuando Dios comenzó la creación. Así podemos extrapolar un principio y una lección de vida que dice que algo viejo tiene que terminar antes de que algo nuevo comience.

Cuando usted ha llegado al final de algo o se ha perdido algo, como un matrimonio, una oportunidad o un trabajo, lo que hace durante el tiempo intermedio contiene el secreto del éxito de la nueva temporada. Las transiciones requieren mucha fe y paciencia. Estar atrapado entre un final y un principio es un lugar incierto y frustrante para vivir. No obstante, ese es el orden de las cosas en la naturaleza, y así es con usted.

Nuestros asuntos humanos se alinean con los patrones de la naturaleza: el orden natural de las estaciones, la salida y la puesta del sol cada día, y la transición de la niñez a la edad adulta; los comienzos y los finales naturales. Sin embargo, los finales causan que la mayoría de las personas tenga miedo o incluso resentimiento debido a que hacen un mal uso de este crítico receso entre temporadas, mirando hacia atrás en lugar de mirar hacia adelante. Se necesita fe para superar los sentimientos de pérdida. Es posible que usted necesite lamentar sus pérdidas, pero finalmente tiene que dejar ir lo viejo antes de poder abrazar lo nuevo.

Las transiciones son importantes para superar el dolor asociado con la pérdida y el dolor de la decepción. Dejemos que el tiempo de transición se convierta en un período de crecimiento que separe una estación de otra, como la primavera que separa la oscuridad del invierno del brillo del verano. Después de ser enterradas en el suelo congelado del invierno, las semillas brotan para recordarnos la fuerza siempre presente del potencial que yace dormido dentro de ellas. Por fuera no parece que esté pasando nada, pero algo está sucediendo bajo la superficie. Así como ocurre con la naturaleza, también ocurre con nosotros. Todos debemos atravesar transiciones para pasar de una fase o etapa de nuestra vida a la siguiente.

Estos tiempos de transición nos permiten obtener sabiduría y conocimiento a partir de las lecciones aprendidas, los cuales pueden impulsarnos a nuevas esferas de poder, crecimiento y progreso. Los tiempos de transición nos ayudan a romper las conexiones emocionales con sucesos o circunstancias pasadas mientras nos conectan emocionalmente a través de la fe y la esperanza a nuestra siguiente fase de crecimiento.

Cansadas por los desafíos que trae la vida, la mayoría de las personas tratan de eludir este proceso de cuatro estaciones: el final, la pérdida, el comienzo y la fecundidad. A fin de evitar el dolor en el futuro, pueden incluso tratar de torcer este patrón para que los comienzos vengan primero y luego los finales. Sin embargo, esto solo prolonga el período de transición, dilata el tiempo real necesario para la preparación, exacerba la incomodidad creada por la necesidad de cambio e intensifica los desafíos asociados con la realización de los ajustes necesarios. Cuando usted ve la transición como un dolor de cabeza innecesario, esta pierde su valor y su propósito. Entender que Dios trabaja de atardecer a amanecer, en lugar de hacerlo de amanecer a atardecer, puede cambiar su perspectiva y ayudarlo a apropiarse del tiempo de transición que se siente tan oscuro y premonitorio.

Las transiciones tienen lugar entre los tiempos de preparación y reflexión. Son momentos en los que usted puede mirar hacia atrás y ganar perspectiva, y al hacerlo, aclarar su visión del futuro. Es un tiempo en el que puede deshacerse de cosas, personas, actitudes, comportamientos y hábitos que han alcanzado su proverbial estatuto de limitación. Tome posesión de los tiempos intermedios en los que no está ni aquí ni allá. Medite en las promesas de Dios. Esfuércese por aclarar su visión y sus objetivos. Los tiempos de transición son importantes, porque entre decir adiós y decir hola puede liberar presiones y exhalar mientras revisa sus experiencias, evalúa el presente y aprovecha su potencial a fin de prepararse para la próxima temporada. Durante las transiciones puede consultar a Dios, elaborar su visión y hablar en el seno de sus mañanas. Es una época significativa en la que puede estar al mando de sus mañanas de una manera proactiva y decretar: "¡Hola, mañana!".[5]

ABRACE EL FINAL

Uno de los beneficios de abrazar completamente un final es ver el valor inherente de sus experiencias pasadas. Dios usa esto para deshacerse de todo lo improductivo y eliminar los impedimentos, inseguridades y respuestas inmaduras que le han mantenido alejado de las cosas más grandes que Él ha preparado para usted. La forma en que habla sobre su dolor es tan importante como la forma en que testifica sobre su ganancia. Para expresarlo con las palabras del apóstol Pablo:

> Pero tenemos este tesoro en vasos de barro, para que la excelencia del poder sea de Dios, y no de nosotros, que estamos atribulados en todo, mas no angustiados; en apuros, mas no desesperados; perseguidos, mas no desamparados; derribados, pero no destruidos; llevando en el cuerpo siempre por todas partes la muerte de Jesús, para que también la vida de Jesús se manifieste en nuestros cuerpos. Porque nosotros que vivimos, siempre estamos entregados a muerte por causa de Jesús, para que también la vida de Jesús se manifieste en nuestra carne mortal.
>
> —2 Corintios 4:7-11

Cuando se trata de sus experiencias de vida, Dios orquesta o permite. A veces es difícil conectar los conocidos puntos para ver cómo ciertas fases desagradables o emocionalmente desafiantes de su vida pueden llevarlo a un final feliz para siempre. Sin embargo, lo hacen. Recuerdo a José, quien al conectar sus propios puntos del destino pudo asegurarles a sus hermanos que no les guardaba rencor. En cambio, dio testimonio de la mano soberana de Dios cuando declaró: "Ustedes pensaron hacerme mal, pero Dios transformó ese mal en bien para lograr lo que hoy estamos viendo: salvar la vida de mucha gente" (Génesis 50:20, NVI). Al permitir que el Espíritu Santo le proporcione la perspectiva de Dios en cuanto a su pasado, usted le da a Dios la oportunidad de rescribir su futuro, principalmente al cambiar su propia evaluación de sí mismo de ser una víctima a ser un vencedor (Romanos 8:37-39).

Es posible que haya malinterpretado una transición antes porque no contaba con los elementos espirituales para entender cómo Dios permanecía cerca de usted a fin de darle poder para superar los momentos de mayor desafío. "Porque Dios es el que en vosotros produce así el querer como el hacer, por su buena voluntad" (Filipenses 2:13). Él siempre está ahí esperando para ayudarlo a navegar a través de la turbulencia mental cuando le da permiso para obrar a su favor. Esos son momentos que edifican la fe. Sé por experiencia personal que se necesita fe para confiar en Dios en los tiempos oscuros, difíciles e inciertos. Es todavía más difícil mantener una actitud de gratitud en medio de todo esto. Además, la oración durante estos momentos resulta crítica. Y este es mi testimonio personal. La oración produce un cambio en la situación.

En un blog, la Dra. Caroline Leaf escribió: "Se ha descubierto que doce minutos de oración enfocada diaria durante un período de ocho semanas pueden cambiar el cerebro de tal manera que es posible medirlo en un escáner cerebral. Este tipo de oración parece aumentar la actividad en las áreas cerebrales asociadas con la interacción social, la compasión y la sensibilidad hacia los demás. También aumenta la actividad del lóbulo frontal a medida que incrementa la concentración y la intencionalidad. Además de cambiar el cerebro, otro estudio implica que la oración intencional puede incluso cambiar la materia física. Los investigadores descubrieron que el pensamiento intencional durante treinta segundos afectaba la luz láser".[6] En sus libros, la Dra. Leaf explica que la manera en que pensamos puede cambiar la naturaleza física de nuestros cerebros.[7] Los pensamientos negativos en realidad dañan nuestros cerebros, pero la oración y la meditación en las Escrituras pueden reparar ese daño. La Biblia nos dice esto, pero como señala la Dra. Leaf, "la ciencia lo está confirmando ahora".[8]

Los finales son para ultimar detalles y decir adiós. Implican resolución y cierre. A fin de experimentar ese cierre, es posible que tenga que despedirse tardíamente de una temporada, escribir una carta de agradecimiento a una persona o un período de su vida, o llamar a alguien para anunciarle que se está mudando. Esto puede significar renunciar a un puesto que ha ocupado durante años o reconocer que una relación o una asignación han llegado a su fin. Es posible que tenga que renunciar mentalmente a alguien que dejó atrás hace años, pero que nunca liberó desde el punto de vista emocional.[9]

Tal vez sea necesario cambiar una vieja imagen de sí mismo o renunciar a un sueño de la infancia que ha dejado de ser relevante. Quizás sea el momento de dejar atrás un paradigma que ha impedido su éxito futuro. O es posible que tenga que abandonar finalmente un ciclo de adicción o un mal hábito contraproducente con el que ha luchado durante años. Terminar un ciclo de adicción o reemplazar un mal hábito requiere mucho coraje y apoyo de los demás. Encuentre a aquellos que tienen sus mejores intereses en mente y la capacidad de responsabilizarlo, y obtenga su apoyo. Los finales son complejos y complicados porque normalmente involucran a otros, ya sean personas cuyo apoyo se necesita o personas de las que hay que separarse. Usted no esperaba que su fuente de supervivencia, fuerza, felicidad o sustento tuviera una fecha de vencimiento. Sin embargo, la vida es un viaje, y a veces una carrera requiere que deje atrás el equipaje que ya no necesita. Cuando decida conscientemente aligerar su carga, podrá viajar de una etapa de desarrollo a otra mucho más fácilmente. Considere esta hermosa invitación de su Señor y Salvador:

> Vengan a mí todos ustedes que están cansados y agobiados, y yo les daré descanso. Carguen con mi yugo y aprendan de mí, pues yo soy apacible y humilde de corazón, y encontrarán descanso para su alma. Porque mi yugo es suave y mi carga es liviana.
> —MATEO 11:28-30, NVI

Usted puede hacer un buen progreso dejando atrás el pasado una vez que sea capaz de aceptar el dolor como parte del proceso de transición. Jesús dijo: "Bienaventurados los que lloran, porque ellos recibirán consolación" (Mateo 5:4). *Bienaventurado* significa favorecido, feliz, estimado, honrado y próspero.[10]

El duelo viene con un sentimiento de tristeza por la pérdida, pero el remordimiento por el pecado y los errores que ha cometido también puede traer un sentido de pérdida. Usted puede haber perdido tiempo, relaciones, trabajos, mascotas, matrimonios, dinero, hogares y oportunidades. La pérdida viene en muchas formas diferentes.

Una vez perdí mi computadora portátil y la lloré durante días, porque tenía toda mi propiedad intelectual en ella: años y años de investigación y anotaciones. Fue como perder a un pariente cercano. Además, tenía una fecha límite para enviarle un manuscrito a mi editor. En ese período de transición de luto sentí una profunda sensación de desesperanza e impotencia. Oré a Dios y le pedí ayuda. Aunque todavía estaba sumida en una gran angustia mental, Dios vino y me dio perspectiva. Con su ayuda pude escribir un manuscrito aún mejor. Recuperé lo que se había perdido, ya que puse mi esperanza en Dios. La esperanza llega cuando usted renuncia a su necesidad de entender y comienza a depender de Dios. La dependencia total de Dios hace nacer la fe.

Perdemos la esperanza en situaciones en las que somos incapaces de ver cómo Dios está obrando o puede obrar en medio de ellas. Los hombres poderosos de David perdieron la esperanza cuando volvieron a casa después de una batalla para descubrir que su ciudad había sido devastada y sus seres queridos habían sido secuestrados. Solo puedo imaginarme cómo se sentía David. Por un lado, tenía todo el derecho a celebrar. Pero luego, tras una de sus más grandes victorias, regresa a su hogar y encuentra una devastación total. ¿Qué hizo David?

> David consultó a Jehová, diciendo: ¿Perseguiré a estos merodeadores? ¿Los podré alcanzar? Y él le

dijo: Síguelos, porque ciertamente los alcanzarás, y
de cierto librarás a los cautivos.

—1 Samuel 30:8

Declaro que en esta época de su vida, sin importar a qué
se enfrente, no se rendirá a la seducción de darse por vencido.
Declaro que está en modo de recuperación. Todo lo que perdió
será recuperado. Usted se recuperará de la pérdida de su:

- trabajo
- matrimonio
- salud
- finanzas
- fe
- esperanza
- sueños
- auto
- casa
- hijos
- salvación
- dirección

David recibió esta palabra del Señor en un lugar llamado
Siclag, que en hebreo significa "sinuoso".[11] Esto sugiere algo
que es retorcido, no directo o recto. La vida nos lleva por
muchos giros y vueltas; esta no siempre es fácil ni sencilla. La
esperanza le dará la inspiración y la motivación que necesita

para seguir adelante cuando desee rendirse. Oro que usted nunca pierda la capacidad de esperar en medio de los desvíos de la vida. Declaro esperanza para su alma y fe para su espíritu. La fe mezclada con la esperanza mira hacia adelante y anticipa un futuro más brillante.

ACTIVE SU FE

A veces, mientras viajamos por la vida, nos topamos con curvas en la carretera y puntos ciegos donde la visibilidad es mínima. No siempre sabemos cómo proceder. Es por eso que la fe en Dios es importante. La fe es el GPS que lo guiará. Mirar hacia adelante con fe cierra lo que está en el pasado. El apóstol Pablo instruyó: "Despojaos del viejo hombre" (Efesios 4:22). Él le recuerda a todo discípulo cuál es su tarea: "Olvido el pasado y fijo la mirada en lo que tengo por delante" (Filipenses 3:13, NTV). Olvidar no significa que el recuerdo desaparezca por completo. Significa que todos los vínculos emocionales y espirituales a algo o alguien son cortados para que ya no lo atraigan o dominen sus pensamientos.

Los finales requieren que termine con la autosuficiencia y por fe dependa totalmente de Dios, creyendo que Dios no solo es capaz de hacer mucho más de lo que pueda imaginar, sino que es capaz de hacer todas las cosas a través de su poderoso poder obrando activamente dentro de usted. Como Pablo escribió a los efesios, Dios "es poderoso para hacer todas las cosas mucho más abundantemente de lo que pedimos o entendemos, según el poder que actúa en nosotros" (Efesios 3:20). ¡Dios no se limita a cumplir nuestras expectativas, sino que las supera!

Génesis 1:2 explica cómo el Espíritu de Dios se movía en

medio de un estado caótico y confuso. De la misma manera, en medio de su caos y confusión, el Espíritu de Dios está presente. El profeta Isaías escribió: "No temas, porque yo estoy contigo; no desmayes, porque yo soy tu Dios que te esfuerzo; siempre te ayudaré, siempre te sustentaré con la diestra de mi justicia" (Isaías 41:10). El Espíritu de Dios le ha sido dado como un regalo, no solo para mostrarle las cosas por venir, sino también a fin de proveerle la fe para creer cuando toda esperanza parece perdida. Su tarea es "solo creer" activando la fe que tiene; levantarse en medio de cualquier circunstancia y declarar que necesita ser iluminado, tal como Dios declaró: "Sea la luz" (Génesis 1:3).

Cualquier transformación, cualquier cambio o transición, requiere fe. Las personas de fe no solo profetizan su futuro, sino que lo provocan. La fe lo lleva al reino de las posibilidades ilimitadas. La fe ve lo que otras personas pasan por alto.

Después de una infancia problemática y luego de un tiempo en el ejército, Harry Wayne Huizenga se mudó a Florida, donde vio una oportunidad de negocio. Compró un camión y empezó a recoger basura en el condado de Broward. En menos de diez años Huizenga era dueño de una flota de camiones de basura que trabajaba por toda la Florida y finalmente a través de todo Estados Unidos bajo el nombre de la compañía Waste Management.

Sin embargo, Huizenga no se detuvo ahí. Uno de sus amigos mencionó a una compañía llamada Blockbuster, y después de visitar una de sus tiendas, Huizenga decidió comprarla. Convirtió a Blockbuster en otra compañía a nivel nacional, la cual finalmente le vendió a Viacom por más de ocho mil millones de dólares. Pero Huizenga no se detuvo ahí. Lanzó otras tres compañías de Fortune 500 y fue dueño de tres equipos deportivos profesionales.[12] Los años de juventud de Huizenga fueron difíciles. Su papá era abusivo, y el matrimonio de sus padres resultaba inestable. No obstante, en lugar de verse afectado negativamente por la situación de su familia, comenzó donde estaba con lo que tenía y lo usó como motivación para impulsarse a sí mismo hacia adelante, llegando finalmente a mejorar el bienestar de toda su familia.[13] Él dio un pequeño paso a la vez, comenzando por estar dispuesto a recoger la basura. Y lo mismo debe hacer usted.

Aunque la de Huizenga es una historia moderna, el destino de muchos personajes bíblicos también fue alterado por solo un pequeño paso. Rahab, Rut, David y muchos otros comenzaron donde estaban con lo que tenían, a menudo en circunstancias oscuras, y ahora sus nombres y sus historias son conocidas. Tenga fe en Dios, pero también tenga fe en quien Dios lo creó para que usted fuera. Mientras sigue adelante desde donde está, dé pequeños pasos de fe y viva un día a la vez. "No menosprecien estos modestos comienzos, pues el Señor se alegrará cuando vea que el trabajo se inicia" (Zacarías 4:10, NTV).

Empiece donde está con lo que tiene. Sea fiel con lo poco que tenga. "El que es fiel en lo muy poco, también en lo más es fiel" (Lucas 16:10). Dé un pequeño paso a la vez.

No se deje engañar por lo que otros piensan que es basura sin valor. Esa basura podría valer millones, si no miles de millones de dólares. Aprenda a aprovechar lo que podría parecer un desperdicio en su vida. Dios mismo está en el negocio de la gestión de desechos. Él nunca desperdicia una de nuestras debilidades o fallas. Las usa todas, convirtiendo nuestro caos en obras maestras.

OBTENGA LUZ Y RECLAME LUZ

En Génesis 1:2, cuando todo estaba cubierto de oscuridad y el Espíritu de Dios "se movía en el aire sobre la superficie de las aguas" (NTV), Dios habló y dijo: "Que haya luz" (v. 3, NTV). La luz expone cosas que de otra manera serían indetectables. Como seres humanos, a menudo estamos cegados por nuestras circunstancias y las emociones que las acompañan. Debido a que la luz fue la primera cosa que Dios creó, debería ser lo primero que usted busca o reclama cuando se encuentra moviéndose en la oscuridad de su vida.

No se mueva hasta que tenga la luz de Dios. La luz viene como sabiduría, conocimiento, discernimiento, revelación, perspicacia, retrospectiva, previsión y visión. La luz viene en la forma de la Palabra de Dios: "Lámpara es a mis pies tu palabra, y lumbrera a mi camino" (Salmos 119:105) y "la exposición de tus palabras alumbra; hace entender a los simples" (v. 130). La Palabra de Dios brilla en la luz.

Así que hable la Palabra de Dios, que es como hablar luz. La luz cambia la atmósfera, y también lo hacen las palabras de Dios. ¿Qué ha proyectado a la atmósfera? La fe debe ser declarada para que sea liberada como una fuerza. Muchas situaciones requieren oración, pero otras necesitan que usted les hable. La fe lo mueve de hablar de su situación a hablarle a su situación.

Respondiendo Jesús, les dijo: Tened fe en Dios.
Porque de cierto os digo que cualquiera que dijere a

este monte: Quítate y échate en el mar, y no dudare
en su corazón, sino creyere que será hecho lo que
dice, lo que diga le será hecho.

—Marcos 11:22-23

Un monte es una metáfora para las cosas que son imposibles
de cambiar, ajustar o mover. Sin embargo, Jesús nos instruye a
hablarles a esos montes proverbiales. ¡Una vez que usted cree,
debe hablar! "'Creí, y por eso hablé'. Con ese mismo espíritu de
fe también nosotros creemos, y por eso hablamos" (2 Corintios
4:13, nvi). La Biblia señala que cuando uno cree, dice lo que
cree. Según Romanos 10:10, "con el corazón se cree para justicia, pero con la boca se confiesa para salvación". Su boca es
poderosa. "Porque por tus palabras serás justificado, y por tus
palabras serás condenado" (Mateo 12:37).

Empiece donde está hablando claro sobre su situación.
Empiece donde está ahora mismo declarando dónde quiere
estar. Hable de sus circunstancias. Hable sobre lo que cree que
es posible (¡o hable sobre ello hasta que lo crea!). ¡Declare la
Palabra! Esta iluminará el camino a seguir.

Determinarás asimismo una cosa, y te será firme, y
sobre tus caminos resplandecerá luz.

—Job 22:28

CAPÍTULO 3

• • •

Separado, separado, separado

La ley de la santificación

> Y separó Dios la luz de las tinieblas. Y llamó
> Dios a la luz Día, y a las tinieblas llamó
> Noche. Y fue la tarde y la mañana un día.
> —Génesis 1:4-5

CUANDO DIOS LLAMÓ a la luz a la existencia, la oscuridad no desapareció. Sin embargo, Él separó la luz de las tinieblas, y espera que usted haga lo mismo. Esta separación entre la luz y la oscuridad es un principio fundamental en el reino y un tema poderoso en toda la Biblia.

En Génesis 12:1, el Señor le dijo a Abram: "Deja tu tierra, tus parientes y la casa de tu padre, y vete a la tierra que te mostraré" (NVI). Dios estaba separando a Abram de su cultura nativa para una obra especial. Cuando Él hizo regresar a los israelitas a la tierra prometida después de su exilio en Babilonia, el profeta Esdras les dijo: "Hagan lo que le agrada a Dios, y sepárense de la gente que vive a su alrededor" (Esdras 10:11, PDT). Él no quería que ellos volvieran a caer en los mismos pecados que los llevaron al exilio en primer lugar.

En el Nuevo Testamento, Pablo escribió a los corintios:

"No os unáis en yugo desigual con los incrédulos; porque ¿qué compañerismo tiene la justicia con la injusticia? ¿Y qué comunión la luz con las tinieblas?" (2 Corintios 6:14). Citando a Isaías y Ezequiel, Pablo les recordó: "Salgan de en medio de ellos y apártense. No toquen nada impuro, y yo los recibiré" (v. 17, NVI).

¿Hay áreas en su vida en las cuales Dios lo está llamando a apartarse y separarse? Dele un vistazo sincero a todo aquello que ha permitido que proyecte una sombra sobre su vida, su mente o su corazón. Mire a la fuente de toda luz, a Aquel en quien sabemos que "no hay ninguna oscuridad" (1 Juan 1:5, NVI) y "en el cual no hay mudanza, ni sombra de variación" (Santiago 1:17). Cuando esté luchando con la incertidumbre o la confusión, separe claramente dentro de usted lo que es de Dios y lo que no lo es.

Decir "¡Adiós, ayer!" es una práctica diaria. Aprenda a distinguir entre la luz y la oscuridad; separe claramente las dos en sus creencias, hábitos y patrones de pensamiento. Esto requiere tanto discernimiento como disciplina. Curiosamente, la palabra *discernimiento* proviene de la raíz latina que significa "separar, apartar, dividir".[1] Cada día usted debe empezar de nuevo eligiendo poner lo primero en primer lugar, realineando sus pensamientos y acciones hacia el lugar donde quiere estar, y separándose de aquellas cosas que van en contra de su propósito más elevado.

SEPARAR LO ESPIRITUAL DE LO FÍSICO

La separación puede tomar muchas formas y producir diferentes tipos de fruto. Por ejemplo, la separación de la injusticia es justicia; la separación del pecado es santidad; la separación de la distracción es dedicación; y la separación de la indulgencia es consagración. La separación puede significar estar separado espiritual o emocionalmente en vez de físicamente. Puede implicar la disciplina de redirigir sus pensamientos lejos de las distracciones mundanas, santificando así su alma.[2]

Las disciplinas espirituales lo acercan a Dios, y mientras más se acerca a Dios, más se aparta de las tentaciones del enemigo y la carne. El primer paso para separarse del pecado, las preocupaciones de este mundo, los pensamientos y actitudes materialistas, los apetitos carnales o los excesos de cualquier tipo es acercarse a Dios.

Si quiere apartarse, practique la separación santa. Así es como usted mantiene su salud espiritual, mental y física. El ayuno en sus muchas formas es valioso para esta separación. Por ejemplo, usted puede ayunar con respecto a la comida o a ver la televisión de forma intermitente o durante un período de tiempo determinado. Esto no solo lo ayudará a estar más atento, sino que también lo ayudará a tener su mente enfocada en Dios. La separación lo empoderará para que avance simplemente al desconectarse de las cosas que lo detienen. Como escribe el autor de Hebreos: "Despojémonos del lastre que nos estorba, en especial del pecado que nos asedia" (12:1). Otra versión dice: "Quitémonos todo peso que nos impida correr, especialmente el pecado que tan fácilmente nos hace tropezar" (NTV). Hacer esto nos ayuda para que "corramos con perseverancia la carrera que tenemos por delante" (v. 1).

SEPARARSE DE LAS DISTRACCIONES

Hay una carrera establecida para usted. Usted, el corredor, está listo para correr entre las líneas claramente marcadas. No puede avanzar a menos que esté mirando hacia adelante. Las anteojeras que usan los caballos de carrera evitan que miren a ambos lados y se distraigan, para que así no echen a correr asustados en otra dirección. Algunas personas también necesitan ese tipo de anteojeras para no apartar la mirada y desviarse del rumbo en un momento de pánico. Mantenga su enfoque dirigido hacia adelante. ¿Cómo puede correr para obtener ese premio si siempre está mirando por encima de su hombro? Manténgase enfocado en lo que le espera mientras sigue "avanzando hacia la meta para ganar el premio" (Filipenses 3:14).

SEPARARSE APOYÁNDOSE EN DIOS

Si bien la separación es un proceso de liberarse de las distracciones, también significa no apegarse demasiado a los resultados. La separación en este sentido es una forma de desvincularse. Cuando usted está apegado a un determinado resultado, se vuelve temeroso e inseguro. El apego es una forma de conciencia de pobreza que dirigirá su atención a lo que no funciona o lo llevará a preocuparse por los resultados potencialmente negativos. Esto no es fe, sino más bien es tomar las cosas en sus propias manos y apoyarse en su entendimiento limitado, que a menudo está arraigado en una mentalidad de escasez. En vez de eso, libérese y apóyese en Dios. Desconéctese emocionalmente de cualquier idea preconcebida sobre cómo deberían ser las cosas. Este tipo de alejamiento lleva a una conciencia de riqueza, la vida abundante de la que Cristo habló en Juan 10:10. Confíe en Dios con respecto al resultado. Esto conduce a la libertad que encontramos cuando nos consagramos a la voluntad de Dios para nuestra vida.

SEPARE SUS PENSAMIENTOS

Tomar el control de su vida y activar el poder de Dios dentro de usted requiere que actúe según la mente de Cristo y no a partir de sus sentimientos. Tendrá que diferenciar entre los pensamientos que provienen del reino de la luz y los que emanan del reino de las tinieblas. Pablo nos instruye: "Destruimos argumentos y toda altivez que se levanta contra el conocimiento de Dios, y llevamos cautivo todo pensamiento para que se someta a Cristo" (2 Corintios 10:5, NVI).

Primero, usted tiene que discernir, y luego debe ejercer el poder de su voluntad para separarse de toda cosa mala. Tiene que elegir la bendición o la maldición, la muerte o la vida, y escoger hoy a quién servirá (Josué 24:15). Establezca límites cuando se trate de cómo va a vivir su fe y sus valores, de aquellas personas con las cuales se va a asociar, e incluso de dónde va a enfocar su atención. Sea alguien que está "abandonando toda maldad y todo engaño, hipocresía, envidias y toda calumnia" (1 Pedro 2:1, NVI), y que "rechaza las leyendas profanas y otros mitos semejantes" (1 Timoteo 4:7, NVI).

LA LEY DE LA SANTIFICACIÓN

La palabra griega *hagiazō*, que significa "separado de las cosas profanas",[3] se traduce como *santificar*. El proceso de santificación es lo que el Espíritu Santo hace en su vida cuando "produce así el querer como el hacer, por su buena voluntad" (Filipenses 2:13). La santificación es el proceso continuo de ser separado y apartado para los propósitos de Dios.

Una vez que se haya salvado espiritualmente por medio de Cristo, debe continuar ocupándose de su salvación" (v. 12) para la salvación de su alma (1 Pedro 1:9). Depende de usted apartarse de los pecados "que batallan contra el alma" (1 Pedro 2:11) y lo separan de Dios. Debe abstenerse "de toda especie de mal" (1 Tesalonicenses 5:22) que extingue la presencia del Espíritu Santo en su vida y llevar "cautivo todo pensamiento para que se someta a Cristo" (2 Corintios 10:5, NVI).

El Dr. Henry Morris, ingeniero y profesor, escribió: "Aunque se nos ha dado una nueva naturaleza de luz, la vieja naturaleza de las tinieblas todavía se esfuerza en nuestro interior, y tenemos que ser exhortados: "Porque en otro tiempo erais tinieblas, mas ahora sois luz en el Señor; andad como hijos de luz" (Efesios 5:8)".[4] Es demasiado fácil mirar su vida creyendo que su situación actual es una prueba de que nada está funcionando. Sin embargo, lo más probable es que simplemente no esté caminando en la luz. En cambio, está caminando "según la carne", que es contra lo que Pablo advierte en su carta a los gálatas (4:29). "Porque el deseo de la carne es contra el Espíritu, y el del Espíritu es contra la carne; y éstos se oponen entre sí" (Gálatas 5:17). Usted debe separar lo que es del Espíritu y lo que es de su naturaleza carnal, siendo consciente de lo que hace proactivamente desde una posición de fe versus lo que hace reactivamente por miedo.

El Espíritu Santo trabaja en su vida a fin de convencerlo gentilmente con respecto a aquellas áreas que necesita santificar para poder crecer. Algunas veces usted necesita un llamado para despertar de su sueño (Efesios 5:14) y renovar su mente (Romanos 12:2). Mientras se ve tentado a poner su confianza y seguridad en la belleza y la riqueza material, las circunstancias difíciles pueden sacudirlo y liberarlo de aquello que dificulta su crecimiento. Este proceso de santificación no siempre es cómodo, pero Dios trabaja en su vida debido a su amor por usted. Y puede estar seguro de que nunca permitirá que los que creen en Él sean tentados más allá de lo que pueden soportar, y "cuando sean tentados, él les mostrará una salida, para que puedan resistir" (1 Corintios 10:13, NTV).

La santificación no se trata de vivir una vida perfecta y sin pecado. "Todos pecaron, y están destituidos de la gloria de Dios" (Romanos 3:23). El apóstol Juan escribió: "Si decimos que no tenemos pecado, nos engañamos a nosotros mismos, y la verdad no está en nosotros" (1 Juan 1:8). No es su propio esfuerzo el que lo santifica, sino que debe buscar la santificación en humildad y obediencia para que pueda crecer en Cristo.

Después que despertemos como se nos insta a hacer en Efesios 5, debemos andar con diligencia "no como necios sino como sabios, aprovechando bien el tiempo, porque los días son malos" (vv. 15-16). ¿Cómo se hace esto? Debemos ser "entendidos de cuál sea la voluntad del Señor" (v. 17). Usted debe esforzarse para "merecer la aprobación de Dios [...] como alguien que sigue fielmente la palabra de la verdad" (2 Timoteo 2:15, BLPH). Este es el medio principal del proceso de santificación continuo para el creyente nacido de nuevo: "Santifícalos en tu verdad; tu palabra es verdad" (Juan 17:17). Somos santificados "en el lavamiento del agua por la palabra" (Efesios 5:26).

La Biblia es la fuente de la santificadora palabra verdadera de Dios. Hebreos 4:12 nos dice que "la palabra de Dios es viva y poderosa, y más cortante que cualquier espada de dos filos. Penetra hasta lo más profundo del alma y del espíritu, hasta la médula de los huesos, y juzga los pensamientos y las intenciones del corazón" (NVI). La santificación es experiencial; esta produce impulsos nuevos, divinos y santos. La vida cristiana es un proceso continuo de fortalecer la nueva vida y negar la vieja. Crecemos y maduramos a través del poder del Espíritu, por medio de la aplicación de la Palabra de Dios, y con la ayuda de la gracia de Dios.

ESTABLEZCA LÍMITES CLAROS

La práctica más poderosa que puede poner en práctica para redefinir su realidad es establecer límites saludables. Crecí siendo una de siete hijos en una casa pequeña y superpoblada. Compartimos todo, desde el vestidor hasta la cama, donde dormíamos tres personas. Aprendí la importancia de marcar mis límites a una edad temprana. Más allá de los límites físicos y psicológicos obvios, tenía que averiguar dónde terminaba yo y dónde empezaba otra persona: qué era realmente mi preocupación y mi prioridad y qué pertenecía a mis hermanos. Sus urgencias y prioridades no siempre eran las mías. Sus peleas y desacuerdos no eran míos.

Tuve que aprender la habilidad de no dejarme envolver en el "pensamiento de grupo" y mantener mi individualidad. Hoy en día esta habilidad es necesaria para todos los creyentes. Pablo nos instruye: "No os conforméis a este siglo, sino transformaos por medio de la renovación de vuestro entendimiento, para que comprobéis cuál sea la buena voluntad de Dios, agradable y perfecta" (Romanos 12:2). Esto requiere la habilidad de discernir sus prioridades al obtener claridad sobre el plan de Dios para su vida. Cuando está claro en lo que respecta a los planes de Dios para usted, es capaz de determinar cuáles deben ser los aspectos no negociables en su vida y así establecer un límite bien definido en cuanto a aquello en lo que tomará parte y lo que no.

El tiempo es una mercancía importante, y usted no puede permitirse el lujo de perderlo en lo temporal, trivial y sin importancia. Dios nos ha dado a cada uno de nosotros el tiempo suficiente para cumplir con todo lo que Él nos ha asignado. Cuando usted pierde su tiempo, o permite que otros lo pierdan, nunca podrá recuperarlo. No tiene que ir por la vida lamentando las cosas que pudo haber hecho pero no hizo debido a las pérdidas de tiempo o las actividades que le hacen perderlo. Distinga entre lo que es importante y lo que no lo es, y haga de lo importante su prioridad.

Yo fui la primera en mi familia que se convirtió en una cristiana nacida de nuevo. Para mí, el estudio de la Palabra de Dios se convirtió en mi principal prioridad. Desde entonces, siempre he buscado un espacio sustancial en mi apretada y exigente agenda para hacer que el tiempo que permanezco sumida en la Palabra sea lo primero todos los días. La Palabra de Dios es santificadora y purificadora (Efesios 5:26). Incluso se podría decir que es desintoxicante. La Palabra de Dios alimenta y nutre mi alma. Estudiar la Palabra es más importante para mí que el desayuno o una ducha.

A fin de que pueda pasar tiempo en la Palabra, tengo que establecer límites de tiempo y mentales que determinen lo que voy a hacer y lo que no voy a permitir que me moleste. Mi límite determina cuándo me levanto de la cama, de modo que pueda tener suficiente tiempo para estudiar y meditar en la Palabra de Dios. Este es el límite más importante que puedo recomendar que usted establezca en su propia vida, ya sea que esté luchando por recuperarse de un revés o esté en camino de alcanzar sus sueños. Apartar ese intervalo de tiempo inicial cada día es lo más valioso que puede hacer por su salud espiritual, mental, emocional, relacional, e incluso física.

Usted necesitará establecer límites claros como este en cada área de su vida. Si ha leído mi libro *¡Hola, mañana!*, estará familiarizado con las doce áreas que conforman su brújula de vida, la cual representa una manera de enfocar su visión y permanecer encaminado en la dirección que quiere seguir. Lo animo a que obtenga una copia de *¡Hola, mañana!* y lea el capítulo ocho. Allí hago referencia a los doce grados de libertad de Buckminster Fuller como una representación metafórica de cómo se puede crear sinergia alrededor de doce áreas que constituyen los puntos direccionales de la brújula de su vida. Estas doce áreas son significativas para maximizar su máximo potencial de la manera más saludable y holística.

Por supuesto, es una ayuda si ya ha hecho la tarea de la visión en cada área, pero hoy quiero que reflexione sobre las áreas que siguen y le pida al Espíritu Santo que le muestre dónde necesita establecer algunos límites. ¿De qué hay que separarse en cada área para conseguir un mayor impulso hacia adelante? ¿Cuáles son algunas de las disciplinas que necesita poner en práctica que le ayudarán a avanzar dondequiera que no esté viendo los resultados que ha previsto?

Este sería un buen momento para sacar su diario y escribir algo. Los apuntes son solo sugerencias para ayudarlo a comenzar.

1. Su marca personal

Esto es "la percepción de las personas y el vínculo emocional con la imagen que les viene a la mente cuando piensan en usted".[5]

- ¿De qué necesita separarse para proteger la reputación de su marca?

- ¿Cómo puede ejercer un mayor discernimiento cuando se trata de oportunidades y amenazas?

2. Acompañamiento/matrimonio

- ¿Qué patrones de pensamiento o comportamiento erosionan la salud de su relación primaria?

- Considere cómo podría apartar no solo más tiempo, sino también más energía para su ser querido.

3. Familia (inmediata y ampliada)

- ¿Qué le impide comprometerse más profundamente con su familia?

- ¿Necesita eliminar algunas emociones tóxicas con respecto a un miembro de la familia?

4. Crecimiento y desarrollo personal

- ¿Qué le impide maximizar su potencial personal?

- ¿Necesita reevaluar hábitos o rutinas para acelerar su crecimiento personal?

5. Carrera/llamado

- ¿Qué tan claramente está discerniendo su llamado en este tiempo?
- ¿Qué disciplinas diarias lo impulsarán en su carrera?

6. Amigos/colegas

- ¿Necesita separarse de sus amigos o asociados por una temporada?
- ¿Hay algún pensamiento o palabra que necesite eliminar con respecto a un amigo o colega?

7. Redes/alianzas/asociaciones

- ¿Necesita reajustar sus prioridades para invertir en el crecimiento de su red?
- ¿Debería alejarse de cualquier alianza o sociedad?

8. Recreación y renovación

- ¿Qué es lo que le impide emplear más tiempo para recrearse y renovarse?
- ¿Cómo puede reajustar su horario?

9. Crecimiento y desarrollo espiritual

- ¿Separa tiempo cada día para invertir en su crecimiento espiritual?
- ¿Cómo se debe poner fin a los pensamientos o comportamientos pecaminosos?

10. Estabilidad financiera

- ¿Necesita controlar ciertos hábitos de gasto?
- ¿Ha apartado fielmente su diezmo?

11. Salud, bienestar y buen estado físico

- ¿Debería renunciar a algún alimento o bebida?
- ¿Hace ejercicio diariamente?
- ¿Se va a dormir a una hora razonable?

12. Legado

- ¿Qué necesita hacer menos ahora que le permita hacer más después?
- ¿Está reservando tiempo o dinero para invertir en la próxima generación?

A veces no se trata de una necesidad de hacer más en las diversas áreas de nuestra vida, sino de discernir lo que precisamos eliminar. Dele un vistazo sincero a lo que podría ser más una distracción que un beneficio. Cada jardín necesita ser deshierbado, y cada casa puede requerir una buena organización.

Dígale adiós a todo lo que no le sirve o a lo que ya no está usando en esta temporada.

No importa cuál sea su punto de partida cuando tome este libro, usted puede cambiar las cosas comenzando hoy. Puede terminar bien apartándose y permitiendo que Dios lo "santifique por completo" (1 Tesalonicenses 5:23, NVI). El poder del Espíritu Santo está siempre disponible para usted.

Usted crea un nuevo comienzo cada vez que se somete a Dios y decide buscarlo primero, porque lo que empieza con Dios terminará bien. Pídale que lo ayude a dividir la luz de la oscuridad en su vida y que llame a la existencia cualquier cosa que usted necesite para iniciar un día nuevo y claro.

> Que Dios mismo, el Dios de paz, los santifique por completo, y conserve todo su ser —espíritu, alma y cuerpo— irreprochable para la venida de nuestro Señor Jesucristo.
>
> —1 Tesalonicenses 5:23, NVI

SEGUNDA PARTE

Recargue

* * *

CAPÍTULO 4

Ponga orden en su vida

LA LEY DEL ORDEN

Dijo también Dios: Júntense las aguas que
están debajo de los cielos en un lugar, y
descúbrase lo seco. Y fue así. Y llamó Dios
a lo seco Tierra, y a la reunión de las aguas
llamó Mares. Y vio Dios que era bueno.
—GÉNESIS 1:9-10

VIAJO MUCHO, Y una vez cuando me acercaba a la puerta de
llegada, fui testigo de un poco de alboroto: gritos, vítores y
saludos. La gran familia de un hombre estaba dándole la bienvenida a casa a este compañero de viaje. El hombre llevaba
una maleta, un bolso de mano y un abrigo. Los niños pequeños corrieron hacia él y le abrazaron las piernas, insistiendo en
que los alzara. Sin embargo, en lugar de dejar caer el equipaje,
levantó los brazos cargados y proclamó: "No puedo, porque
tengo las manos ocupadas".

En ese momento tuve una epifanía. ¡La mayoría de las personas
no pueden abrazar su asombroso futuro porque se niegan soltar el
equipaje que llevan! Deshacerse de su equipaje requiere que usted
entregue algunas cosas. Muchas personas que luchan por tener el

control de su vida se aferran a cosas que realmente deberían estar dejando ir. Por miedo o desesperación no abandonan lo familiar ni entregan el pasado para apoderarse del futuro. Lo entiendo, porque a veces soltar se siente como caer desesperadamente por el aire o hundirse rápidamente en el fondo del océano.

¿Recuerda esas barras trepadoras en el patio de recreo de su infancia? Ellas estaban colocadas lo bastante separadas como para que usted tuviera que soltar completamente la primera a fin de agarrarse a la siguiente. Se necesitaba una tremenda cantidad de fuerza de voluntad y fe para estar suspendido en el aire durante una fracción de segundo mientras se balanceaba hacia la siguiente barra. De la misma manera, si va a balancearse hacia su futuro, debe reunir la fe para dejar ir aquello a lo que se está aferrando, todas sus justificaciones y excusas.

Dios lo ha formado con el tipo de vitalidad que le permite moverse por el aire, por así decirlo, o sumergirse profundamente en las promesas de Dios. Usted ha sido diseñado genéticamente para la vida en el reino, para una vida de fe que desafía las probabilidades. Tiene la resiliencia que necesita para superar cualquier desafío o estrés que encuentre en esta vida en la tierra.

APRENDA A DEJAR IR

"Contrólese" es una frase que muchos de nosotros hemos escuchado en un momento u otro. Sin embargo, el proceso de controlarse realmente comienza cuando uno se desconecta de las cosas y las personas que lo mantienen vinculado a un estilo de vida o cultura que usted ya ha superado: cuando se descartan ciertos comportamientos y hábitos que lo mantienen conectado a un viejo modo de pensar, una temporada pasada o un paradigma arcaico. Esto requiere que se despoje de ciertas cosas que lo mantienen atado a su pasado a fin de que pueda prepararse adecuadamente para su futuro.

Un soldado llamado Mike regresaba de la guerra de Corea. Mike se paró en la popa del barco al atardecer tratando de imaginar cómo sería la vida en Estados Unidos. Pronto se dio cuenta de que había cosas flotando en el agua, pero no sabía bien qué eran. De pronto, algo voló por el aire, silbó mientras pasaba a su lado y cayó en el océano produciendo salpicaduras. Luego pasó otra cosa volando, y otra. De repente se dio cuenta de que se trataba de zapatos, calcetines, camisas, abrigos, calzoncillos, cantimploras y todo tipo de artículos que sus compañeros soldados estaban tirando por la borda. Todos anhelaban un nuevo comienzo. En la medida de lo humanamente posible, esos soldados estaban dejando ir lo que definía su pasado.[1]

FLEXIONE SUS MÚSCULOS ESPIRITUALES

En lo profundo del océano crecen bien uno de los mamíferos más flexibles de la naturaleza. A pesar de la aplastante presión del agua, los cachalotes se alimentan de calamares gigantes que viven a siete mil pies bajo la superficie. Su secreto está en su flexibilidad. A tales profundidades, la presión del agua rompería las costillas de la mayoría de los mamíferos y sus pulmones se paralizarían. Sin embargo, el cartílago flexible que conecta las costillas de estas ballenas permite que sus cajas torácicas colapsen bajo presión. En lugar de romperse, sus costillas se flexionan.[2] A través de la ingeniería divina, Dios incorporó la flexibilidad en su ADN, y así las ballenas pueden darse un festín de calamares gigantes que viven cerca del fondo del océano. ¿Qué ha diseñado Dios para que usted se dé un banquete?

Es hora de que flexione sus músculos espirituales a fin de que pueda darse un banquete con las bendiciones de Dios. Es hora de hacer una inmersión profunda y deshacerse de todas las cosas que le han impedido elevarse por encima de sus circunstancias y lo han hecho sentirse abrumado con la vida. La adaptación proviene de la resiliencia, que es esencial para prosperar tanto en el mundo natural como en la vida espiritual diaria. Dios le ha dado autoridad sobre todo poder del enemigo, y por lo tanto ya tiene la ventaja competitiva. Profundice en la Palabra de Dios y acceda al poder divino que reside en usted, porque "mayor es el que está en vosotros, que el que está en el mundo" (1 Juan 4:4).

El poder de Dios le permite superar las circunstancias más difíciles. La vida tiene una forma tan fuerte de golpearnos que si no fuera por el poder de Dios en nuestro interior, todos nos quebraríamos bajo su presión. Su presencia en su vida le proporciona la fe sólida como una roca que necesita para superar sus mayores desafíos. Conozco a muchas personas que se ahogan en el dolor y se quiebran bajo presión. Esta gente recurre a las drogas y el alcohol como medio para sobrevivir. No tiene que pasar por la vida en modo de supervivencia. El poder de Dios en usted unido a su fe lo ayudará a prosperar. Sus días de supervivencia han terminado. Declaro que usted prosperará. No solo eso, también declaro que su negocio, ideas, ministerio, matrimonio, hijos y salud prosperarán.

Así como Dios llamó a la tierra a emerger de las aguas, Él lo está llamando a emerger de su pasado. Por medio de su Espíritu usted tiene el poder de la fe para vencer, pero debe activar esa fe a través de las palabras que habla. La Biblia dice: "Ellos lo han vencido por medio de la sangre del Cordero y por el testimonio que dieron" (Apocalipsis 12:11, NTV). Nada construido sobre la Palabra puede derrumbarse. Su estilo de vida debe personificar la Palabra de Dios. Sus oraciones deben ser guiadas por la Palabra de Dios. Su éxito debe ser determinado por la Palabra de Dios. Sus negocios y ministerios deben ser sostenidos por la Palabra de Dios. Sus hijos deben progresar por medio de la Palabra de Dios.

Con el fin de edificar su capacidad espiritual, debe aumentar su resiliencia ante las situaciones negativas y desarrollar su inmunidad espiritual a la "enfermedad" causada por el miedo y la ansiedad. La clave para tener mayor resiliencia es hablar continuamente la Palabra de Dios en medio de sus circunstancias. Así es como se adapta a las presiones de las profundidades.

Además de aumentar su resiliencia espiritual, la adaptabilidad lo capacita para esforzarse por alcanzar metas que normalmente le intimidarían. Con el fin de aceptar estos desafíos, debe poner orden en sus pensamientos y en la forma en que emplea su tiempo. La mayoría de las personas utiliza su tiempo para preocuparse o planear su venganza. No obstante, eso es una pérdida de tiempo. Dios llamó a la tierra a emerger de las aguas, lo que equivale a traer la solidez de su fe en Dios a la ecuación de su vida. Como una montaña que se eleva del mar, oro que Dios le dé una fe que mueva (o eleve) montañas.

> Tengan fe en Dios. Les digo la verdad, ustedes pueden decir a esta montaña: "Levántate y échate al mar", y sucederá; pero deben creer de verdad que ocurrirá y no tener ninguna duda en el corazón.
> —MARCOS 11:22-23, NTV

HAY GRANDEZA EN USTED

Tiene una grandeza en usted. Atrévase a hacer grandes cosas con su vida. Nadie se vuelve grande permaneciendo igual. Utilice la adaptabilidad para superar sus límites y descubrir un potencial sin explotar. ¡Quién sabe qué recompensas obtendrá si está dispuesto a arriesgarse a un cambio!

El cambio para mejor comienza con la manera en que piensa acerca del tiempo que Dios le ha dado en esta tierra. Demasiadas personas caminan confundidas con respecto a cómo llevar a cabo su visión, qué hacer después, o cómo superar los reveses y conquistar las emociones asociadas a las desilusiones, la pérdida y el dolor. Sus pensamientos son la clave para vivir la vida que Dios le prometió.

Usted es transformado por la renovación de su mente (Romanos 12:2). Jesús dijo: "Yo he venido para que tengan vida, y para que la tengan en abundancia" (Juan 10:10). Dios quiere que viva en abundancia, y esa abundancia incluye salud, amistades, oportunidades, gozo, paz y felicidad abundantes. Sus pensamientos abundantes proveen la base para una vida abundante. Considere lo que el autor y pastor Rick Warren dice sobre el poder de sus pensamientos: "Para cambiar su vida, debe cambiar su forma de pensar. Detrás de todo lo que hace hay un pensamiento. Cada comportamiento está motivado por una creencia, y cada acción está motivada por una actitud. Tenga cuidado de cómo piensa; su vida está moldeada por sus pensamientos".[3]

¿Cómo le están impidiendo aceptar el cambio sus propios pensamientos, creencias y actitudes?

Cada día Dios le da a cada persona oportunidades para avanzar en su reino. Eclesiastés 9:11 afirma que Él nos da a todos tiempo y oportunidad: "Me fijé que en esta vida la carrera no la ganan los más veloces, ni ganan la batalla los más valientes; que tampoco los sabios tienen qué comer, ni los inteligentes abundan en dinero, ni los instruidos gozan de simpatía, sino que a todos les llegan buenos y malos tiempos" (NVI). La clave para aprovechar al máximo cada oportunidad es entender a cabalidad la voluntad del Señor. Por eso es de vital importancia renovar su mente continuamente con la Palabra de Dios. Cada momento del día debe alinear sus pensamientos y palabras con los pensamientos y la Palabra de Dios.

Deje de ser débil con respecto a lo que cree. Sea tan sólido y firme como la tierra. No deje que el diablo lo haga cuestionar la fidelidad de Dios. Así como la tierra le ofrece algo sólido sobre lo cual pararse, del mismo modo también lo hace su fe en Dios. Jesús le dio una clave fundamental para tomar el control con éxito en cada situación cuando dijo en Juan 15:7: "Si permanecéis en mí, y mis palabras permanecen en vosotros, pedid todo lo que queréis, y os será hecho".

Por eso Dios lo instruye a meditar en "la palabra de Dios, la cual actúa en vosotros los creyentes" (1 Tesalonicenses 2:13). La Palabra de Dios es vida y medicina para aquellos que la encuentran (Proverbios 4:20-22).

LA LEY DEL ORDEN

Su futuro llega un día a la vez. El presente es el regalo de Dios para usted, y la forma en que lo usa es su regalo para Él. La administración del tiempo no consiste en rellenar un día de veinticuatro horas con todas las actividades que pueda. El término "administración del tiempo" es erróneo, porque técnicamente el tiempo no se puede administrar. En cambio, usted puede organizar sus actividades de acuerdo a períodos de tiempo específicos, lo cual es el arte de hacer que cada momento de cada día cuente.

Ordenar su día requiere que discierna entre lo que es un trabajo improductivo que distrae y lo que es el negocio del reino. El manejo efectivo del tiempo requiere que esté de acuerdo con Dios sobre en qué vale la pena *invertir* tiempo en comparación con aquello en lo que usted no debería estar *gastando* o incluso *perdiendo* el tiempo al hacerlo. Asegúrese de que cada acción, cada pensamiento y cada palabra estén alineados con su propósito divino y la voluntad de Dios, tal como se manifiesta en su Palabra. Encontramos una clave fundamental con respecto a este principio en la carta de Pablo a los efesios:

> Mirad, pues, con diligencia cómo andéis, no como necios sino como sabios, aprovechando bien el tiempo, porque los días son malos. Por tanto, no seáis insensatos, sino entendidos de cuál sea la voluntad del Señor.
> —Efesios 5:15-17

Al igual que con cualquier inversión financiera, usted debe averiguar qué tipo de rendimiento está produciendo su inversión de tiempo. El tiempo *invertido* es un costo, y debe ser consciente del beneficio que está obteniendo por el costo en el que está incurriendo.

Dios proveyó el ejemplo supremo de la administración efectiva del tiempo y el orden en el libro de Génesis. En seis días creó la tierra y todo lo que hay en ella, y en el séptimo día descansó. Dios creó todo con un orden planificado, desarrollando cada organismo y especie en su progresión diseñada.

Él no desperdició sus recursos, especialmente su tiempo. Todo salió según lo planeado. Dios fue decidido y conciso a medida que revelaba la vida en nuestro planeta.

Allí se nos presenta el tercer día. Fue en este día que Dios ordenó que la tierra emergiera mientras reunía las aguas. Dios habló, y por medio de sus palabras todo fue hecho. Del mismo modo, con sus palabras, ponga orden en sus pensamientos y su vida. Deje de usar su tiempo para quejarse, lamentándose de lo que no quiere. Ordene su día ordenando su mañana. Declare lo que quiere en lugar de quejarse de lo que no tiene.

REORDENE SU DÍA

En Génesis 1:9-10, la tierra fue designada un lugar particular en el cosmos. No se pierda este punto: todo en el universo tiene un lugar. Esto sirve como precursor del orden. No se pierda las recompensas que vienen con poner orden en cada área de su vida y en el entorno en el que vive y trabaja. El orden es lo que le da la libertad para ser creativo. El orden le ofrece la paz mental que necesita para sintonizarse con las frecuencias sobrenaturales de Dios y aprovechar la inspiración divina. No deje que su día lo controle; controle su día. Esto se puede hacer con orden. Sin orden se distraerá con los cuidados y preocupaciones de esta vida, de modo que no pueda calmar su mente y escuchar a Dios. Escuche la voz de Dios que le dice hoy: "Hágase todo decentemente y con orden" (1 Corintios 14:40).

El orden no tiene que ver con agregar más cosas a su lista de tareas. Esto solo añadirá más estrés a su vida. Es imposible imaginar las posibilidades o idear resultados alternativos cuando se está sobrecargado y estresado. Usted necesita programar tiempo para pintar intencionadamente el lienzo de su vida invirtiendo en sueños creativos. Invierta tiempo para pensar, para crear una visión de la vida que desea hoy y del mañana que le gustaría vivir. Ordene todo eso mañana en su mente. Visualice cada detalle. Ordene su día con el fin de que tenga el tiempo y el espacio que necesita para darles las pinceladas a la obra maestra que Dios ha predestinado para usted. Asegúrese de tener un tiempo programado para orar, meditar, leer la Palabra de Dios, escribir en un diario, imaginar y adorar a Dios por todo lo que Él hace posible. Así es como pone orden en su día y su vida. Aprenda el arte de hacer que cada momento de cada día cuente. Cree metas específicas diarias, semanales, mensuales y anuales basadas en su visión personal para su vida. Si necesita ayuda para escribir una visión, he escrito un libro entero que le ayudará titulado *¡Hola, mañana!* Esto requiere habilidad y disciplina. Necesité seis meses para escribir mi primera visión de veinte años. En aquellos días, no había libros que explicaran los componentes en los que tenía que concentrarme. En *¡Hola, mañana!* he desglosado estos componentes para usted.

La habilidad y la disciplina separan a los exitosos y productivos de los fracasados e improductivos. Una vez que haya escrito una visión para su vida, estará enfocado en el futuro. Estar enfocado en el futuro le permitirá identificar a los que pierden el tiempo y las actividades que lo hacen. Deshágase de todas las actividades y tratos interpersonales que desperdician su tiempo. Póngale fin a su relación con las distracciones, que incluyen personas y actividades que no generan un rendimiento de su inversión de tiempo. Establezca metas prácticas para su semana que incluyan devocionales diarios, una rutina de ejercicios y proyectos especiales. Se le ha dado la oportunidad de crear una obra maestra con su vida. No tendrá un mañana mejor si no aprovecha al máximo su hoy y le dice adiós a su ayer. Su visión se convertirá en un catalizador para dejar ir las cosas por fe y confiar en que Dios lo guiará hacia adelante. Alejarse de la desilusión y el dolor requiere levantarse, sacudirse el polvo y avanzar, aunque sea solo un poco. Ponga un pie delante del otro, confiando en que Dios le mostrará dónde pisar. Después de todo, es Dios quien está ordenando sus pasos (Salmos 37:23), incluso rescatándolo de las pisadas en falso. El salmista escribe: "Podrá tropezar, pero no caerá, porque el Señor lo sostiene de la mano" (v. 24).

Sin embargo, aunque Él ha moldeado sus pasos, depende de usted ordenar o moldear su día. Podemos aprender a ordenar nuestros días de acuerdo a su voluntad al orar: "Enséñanos a contar bien nuestros días, para que nuestro corazón adquiera sabiduría" (Salmos 90:12, NVI). Hay sabiduría en los ritmos y rutinas que establece en su vida diaria. Por eso escribí *Declara bendición sobre tu día*. Sin embargo, para que ordene su día, primero debe tener una visión, y es por eso que escribí *¡Hola, mañana!*

A fin de que esa visión se cumpla, debe aprender las leyes de la fe, y es por eso que está leyendo este libro. Se requiere fe para reordenar su vida. Se requiere fe para decretar el orden en el caos de sus circunstancias. Hoy, con fe, declaro orden en su vida, ministerio, finanzas, relaciones, salud, y todas las cosas que le conciernen.

> Todo tiene su tiempo, y todo lo que se quiere debajo del cielo tiene su hora.
>
> —ECLESIASTÉS 3:1

• • •

CAPÍTULO 5

Elija el potencial por encima de los problemas

LA LEY DEL POTENCIAL

Después dijo Dios: Produzca la tierra hierba verde, hierba que dé semilla; árbol de fruto que dé fruto según su género, que su semilla esté en él, sobre la tierra. Y fue así. Produjo, pues, la tierra hierba verde, hierba que da semilla según su naturaleza, y árbol que da fruto, cuya semilla está en él, según su género. Y vio Dios que era bueno. Y fue la tarde y la mañana el día tercero.
—GÉNESIS 1:11-13

A LA EDAD DE dieciséis años, Winston Churchill ya tenía una visión clara de su propósito. Él y un amigo estaban discutiendo su futuro después de la capilla en la escuela un domingo por la noche cuando Churchill habló sobre lo que podía ver. "Este país será sometido de alguna manera a una tremenda invasión, por qué medios no lo sé, pero [...] te digo que estaré al mando de las defensas de Londres, y salvaré a Londres e Inglaterra del desastre [...] En la alta posición que ocuparé, me tocará a mí salvar a la Capital y salvar al Imperio".[1] Él sabía que había nacido con el potencial de la grandeza.

¿De dónde viene este potencial? Viene de la misma fuente que hizo que la Madre Teresa dejara su país para servir a los indigentes en la India y que hizo que Rosa Parks permaneciera sentada en ese autobús. Viene del mismo lugar que causó que Nelson Mandela luchara contra el apartheid después de veintisiete años de prisión y que como un antiguo convicto se convirtiera en un gran líder mundial moral, visionario y transformador.

La grandeza viene del mismo lugar que hizo que Amelia Earhart se convirtiera en la primera mujer en sobrevolar el Océano Atlántico y hacer el viaje sola. Viene del mismo lugar que obligó a Barack Obama a hacer campaña para la presidencia de los Estados Unidos y convertirse en el primer hombre de color en ganar. Viene del mismo lugar que causó que Malala Yousafzai, una pakistaní de quince años, recibiera un balazo por la causa de la educación de las niñas. Malala dijo: "No quiero que me recuerden como la chica a la que le dispararon. Quiero ser recordada como la chica que se puso de pie".[2] Viene del mismo lugar que me sacó de la pobreza y me posicionó como una líder del pensamiento en un escenario global. Viene de una semilla de grandeza.

EL PODER DE LA SEMILLA[3]

Cada uno de nosotros tiene dones y talentos increíbles que Dios nos ha dado y que deben cultivarse. Así como en Génesis 1 el árbol dio fruto con semilla (v. 12), usted, como un árbol de justicia, ya tiene las semillas de un propósito, un destino y una grandeza increíbles en su interior. Estas son semillas de la fecundidad que usted fue creado para llevar como un árbol plantado por Dios.

> Serán llamados robles de justicia, plantío del Señor,
> para mostrar su gloria.
>
> —Isaías 61:3, nvi

Una semilla es una metáfora poderosa de la fuerza del potencial que usted posee. El diccionario define *potencial* como "cualidades o habilidades latentes que pueden desarrollarse y conducir a un éxito o una utilidad futuros".[4] Cada semilla tiene el potencial innato dado por Dios de ser mayor de lo que es si se le ofrece el medio ambiente adecuado. De la misma manera, todo en la vida es creado con el potencial de ser más grande de lo que es cuando es colocado en un ambiente fértil.

El potencial es lo que usted puede lograr pero aún no ha logrado. Es lo que tiene el don de construir, pintar, proyectar o escribir, pero que aún no ha imaginado. Es lo que puede tener, cantar, diseñar o conducir, pero que no posee aún. El potencial es aquello para lo cual tiene la semilla en usted, pero que aún no ha logrado.

El potencial prueba que nada de su pasado lo define. Ninguna experiencia pasada tiene el poder de destruirlo, derrotarlo, disuadirlo o ponerle fin a lo que es capaz de hacer. En realidad, sus experiencias revelaron las habilidades ocultas dentro de usted, de las cuales no sería consciente de otra manera. Estas pueden haberlo asustado, desbalanceado o devastado temporalmente, pero no pueden borrar su potencial.

Por el contrario, las dificultades y los desafíos aumentan su capacidad. El potencial confirma que no importa por lo que haya pasado, no es una víctima. Algo más grande le aguarda por delante, porque todavía tiene que experimentar su momento más grandioso. No estaría todavía vivo si los reveses y fracasos de ayer fueran sus momentos definitorios finales. El potencial dice que todavía tiene la grandeza residiendo en usted.

Dios sembró una semilla en usted en la forma de un potencial el día en que fue concebido. Su semilla es la energía divina del Espíritu Santo que opera en el suelo de su mente. Adán y Eva nacieron con esta semilla del potencial. Adán utilizó su potencial para convertirse en el primer zoólogo, porque la demanda activó la semilla.

La semilla del potencial contiene cualidades suyas divinamente designadas, pero con frecuencia inadvertidas —inteligencia, habilidades, destrezas, percepciones, tendencias, dones, aptitudes, llamamientos, capacidades y talentos— que cuando se cultivan adecuadamente dan el fruto de la prosperidad, el progreso y el éxito. Muchas personas tienen el potencial para ser más, pero no se encuentran en el entorno adecuado. Esta semilla permanecerá latente hasta que se plante y se cultive en el ambiente propicio: hasta que los procesos de educación, empoderamiento y creación de capacidad la expongan a los nutrientes necesarios para crecer.

Usted puede reajustar su entorno comenzando con su propia mente, al cultivar la tierra de su huerto mental. Por ejemplo, si usted estudiara los temas relacionados con su campo una hora al día, dentro de unos pocos años se convertiría en un experto. ¡Eso es cultivar su semilla!

Nútrase para crear el tipo de alma fértil en la que prosperan las ideas de millones de dólares. Arranque las malas hierbas de la duda, el miedo, la incredulidad, la envidia, el resentimiento y la inseguridad. Plante las palabras de Dios acerca de quién es usted en Cristo. Plante su visión, esperanzas y sueños. Luego riéguelo todo con gratitud, alabanza y adoración.

Así como a cada semilla natural se le ha dado un propósito específico que cumplir y una tarea invisible que llevar a cabo, usted nació con un propósito específico y una tarea también. El propósito debe ser reconocido, cultivado y plantado de forma estratégica para que su potencial divinamente ordenado florezca y sea maximizado.

Sembrar semillas no se trata solo de bendecir a su iglesia, sino también a su familia, comunidad, industria y región del mundo. ¿Qué habilidad, talento, idea, invención o avance tecnológico le ha dado Dios para mejorar y bendecir su vecindario, su comunidad o su región? ¿Qué le ha dado Él que le permite añadir valor a su lugar de trabajo, profesión, mercado o campo? Encuentre el campo que Dios le ha dado y cultívese en él. Luego observe cómo prosperan su familia, su comunidad, sus negocios y su ciudad. Usted tiene algo que el mundo necesita.

LOS PROBLEMAS Y LA PRESIÓN SACAN A RELUCIR EL POTENCIAL

Dios lo plantará en un campo específico y lo presionará para que maximice su potencial y lo ayude a cumplir su misión en la tierra. ¿Cuál es el propósito de la presión y los problemas si no es exponer el potencial oculto dentro de usted?

Pablo les escribió a los corintios: "Estamos atribulados en todo, mas no angustiados; en apuros, mas no desesperados; perseguidos, mas no desamparados; derribados, pero no destruidos" (2 Corintios 4:8-9). Así como una semilla debe experimentar presión y abrirse paso a través de las fuerzas opuestas de la naturaleza y la gravedad para crecer, su semilla crecerá a través de las presiones y las fuerzas opuestas de la vida. Los problemas no vienen a destruirlo, sino a sacar lo mejor de usted, a activar su semilla. Ellos desbloquearán el potencial, el poder y la fuerza vivificadora que yacen en su interior.

En Génesis 30 leemos que Jacob fue un empresario que pasó catorce años sometido a la opresión institucionalizada de su tío Labán. Sin embargo, Jacob cultivó esa semilla empresarial como empleado hasta que sus frustrantes circunstancias presionaron a su destino empresarial a fin de que se manifestara. De la misma manera, su semilla de grandeza escondida en su interior puede requerir una feroz oposición para abrirse y activarse.

Dondequiera que Dios lo plante, Él planea prosperarlo. Usted es una semilla que Él ha plantado estratégicamente en el lugar, la comunidad, el mercado o la esfera de influencia en la que vive para que pueda extender el reino de Dios en ese lugar. La imagen de la semilla le muestra que puede levantarse por encima de sus circunstancias y florecer donde está plantado. No necesita ser una víctima cuando sabe que tiene el potencial de ser más grande de lo que es en cualquier momento dado.

LA LEY DEL POTENCIAL

Cuando Dios creó el universo, descargó la semilla oculta del potencial en todo. El potencial es una ley divina que establece que algo tiene la habilidad innata de ser más grande que sí mismo en cualquier momento dado. La grandeza se encuentra en usted, por eso nunca está realmente satisfecho con su situación. La semilla de la grandeza es la fuerza que impulsa el logro. La semilla de la grandeza es el catalizador de todo gran logro. Esta hace que quiera más y ore por más.

Jabes tenía el potencial de ser más grande de lo que su capacidad revelaba y su cultura dictaba. Por eso oró a Dios basado en su potencial percibido: "Oh, si me dieras bendición, y ensancharas mi territorio [...] Y le otorgó Dios lo que pidió" (1 Crónicas 4:10). Jabes le pidió a Dios que eliminara sus limitaciones autoimpuestas, las restricciones culturales y un ambiente caracterizado por individuos de mente estrecha. Le pidió a Dios que ampliara su capacidad, y Dios accedió a su petición.

De manera deliberada, aléjese de los pensamientos pequeños y pídale a Dios que le dé la capacidad de maximizar su potencial. Sin importar qué esté pensando hacer, ser o adquirir... ¡piense en grande! Niéguese a conformarse con lo suficientemente bueno o promedio. Ser promedio es contentarse con una vida gobernada por fuerzas externas y restricciones culturales y ambientales limitantes.

Lo contrario de la grandeza no es la inferioridad, sino la insignificancia. Se trata de conformarse con vivir una vida *promedio* simplemente porque se niega a desafiarse a sí mismo para llegar más allá del umbral de lo familiar. La insignificancia es elegir vivir entre el desorden de lo común para no sobresalir entre sus amigos por temor a ser juzgado o malinterpretado. Es saber que tiene la capacidad de hacer más y ser más, pero no posee el valor para salir de las sombras de los demás, desafiar el *statu quo* o arriesgarse, porque podría caer o fracasar. La insignificancia es negarse a darse cuenta de que con Dios todas las cosas son posibles. Es aceptar lo *ordinario* como su cadena perpetua. La insignificancia es mantener sus dones y habilidades en protección de testigos y aceptar lo mediocre como la norma de Dios.

La mentalidad promedio es el tipo de mentalidad más destructiva, ya que es aceptada por una cultura anti-Dios que nunca lo desafiará a expandir su horizonte, pensar de manera creativa o desafiar el *statu quo*. La mediocridad es popular porque no requiere disciplina. Descarte su forma de pensar promedio.

El reino del promedio está lleno de gente sin fe que ha renunciado a sí misma, a sus sueños y su visión. Aléjese de esa cultura y pídale a Dios que lo ayude a soñar de nuevo. Su futuro está lleno de oportunidades ilimitadas, y usted tiene el potencial de capitalizar cada una de las que Dios le presenta a diario. ¡Estas oportunidades están diseñadas para desarrollarlo y ayudarlo a establecer nuevas metas mientras maximiza su potencial en el proceso!

Algunos han confundido el ser promedio con la humildad o el contentamiento, pero esto no es exacto. Ser promedio es no reconocer que Dios lo creó a su imagen y semejanza para ser su representante. La mayoría de las personas rechazan su llamado como portadores de la imagen de Dios simplemente porque temen ser juzgadas como arrogantes o acusadas de pensar de sí mismas más de lo que deberían.

La grandeza no se trata de ser mejor que alguien más, sino de ser la mejor versión de usted mismo. Cuando exhibe su grandeza, glorifica a Dios. Resignarse a una vida de bajo rendimiento con un potencial sin cumplir no glorifica a Dios. ¡Usted no es un fracasado; es un vencedor! Es capaz de lograr mucho más para Dios y su reino.

Servimos a un gran Dios, y puede hacerlo con la grandeza sembrada en usted. Él quiere que viva su vida con la plenitud de esa grandeza. Usted es muy capaz de lograr cualquier cosa en la que se enfoque y que realmente desee, ya sea una visión, un sueño o una meta.

Si realmente viera su potencial desde la perspectiva de Dios, creyendo que Él lo creó para ser su representante en la tierra, dejaría de escuchar lo que los demás piensan de usted y empezaría a aprovechar la fuente oculta del poder divino. Se negaría a convertirse en víctima de las circunstancias o en un producto de su entorno, y en cambio vería sus desafíos como catalizadores divinos que dan lugar a un mayor conocimiento de su potencial oculto.

¡No es el recipiente lo que hace que su contenido sea valioso, sino el contenido lo que lo hace valioso al recipiente! Recuerde que el apóstol Pablo dijo: "Tenemos este tesoro en vasos de barro, para que la excelencia del poder sea de Dios, y no de nosotros" (2 Corintios 4:7). Dios le dio a usted como regalo a este mundo. Los regalos deben ser atesorados, así que atesore lo que Dios ha puesto en su interior.

El potencial se encuentra en los lugares más extraños.

- Rahab lo encontró viviendo en el muro de Jericó en la zona roja.

- David lo encontró en los campos entre sus rebaños.

- Moisés lo encontró en lo profundo de un desierto.

- Josué lo encontrado en medio del duelo.

- Juan el apóstol lo encontró exiliado en una isla.

- Débora lo encontró en un campo sexista (el militar).

- Gedeón lo encontró en la era.

- Pablo lo encontró mientras yacía cegado en el camino a Damasco.

- José lo encontró en una prisión.

- Noé lo encontró en medio de la perversión y el libertinaje.

¿Dónde podría encontrarse su potencial?

NO SE LLEVE SU POTENCIAL A LA TUMBA

"A cada persona le llega en su vida un momento especial cuando se le toca en el hombro figurativamente y se le ofrece la oportunidad de hacer algo muy especial, único para ella y en correspondencia con sus talentos", observó una vez un filósofo. Y añadió: "¡Qué tragedia si en ese momento no está preparada o cualificada para lo que podría haber sido su mejor momento!".[5]

¿Podría ser este su momento decisivo? Hoy es el día en que puede elegir ir más allá de lo que fue hasta lo que puede ser. Sus sueños pueden haber sido retrasados, pero no son negados. Su mejor momento está en camino. Usted puede aprovechar su potencial para avanzar más allá de lo que creía posible y lograr más de lo que nunca antes había logrado.

La grandeza no viene al actuar independientemente de Dios, sino al ser plenamente dependiente de Él y de lo que puede hacer por medio de Cristo, "porque mayor es el que está en vosotros, que el que está en el mundo" (1 Juan 4:4). Servimos a un gran Dios que quiere hacer grandes cosas a través de nosotros debido a la semilla del potencial que puso en nuestro interior. ¡Usted ha nacido para ser grande! ¡Esté preparado para alcanzar la grandeza!

Si Shakespeare hubiera muerto antes de componer sus poemas y obras, el potencial para escribir *Hamlet*, *Macbeth*, y *Romeo y Julieta* habría sido enterrado. Supongamos que Miguel Ángel hubiera muerto antes de pintar la Capilla Sixtina o que Leonardo da Vinci hubiese muerto antes de pintar la *Mona Lisa*. La belleza de sus pinturas se habría perdido. Suponga que Mozart hubiera perecido con toda esa música en su corazón. Si Moisés hubiera muerto antes de encontrarse con la zarza ardiente, Israel podría haber permanecido en esclavitud.

Si el apóstol Pablo hubiera perdido su vida antes de encontrarse con Jesús en el camino a Damasco, la mayor parte del Nuevo Testamento nunca habría sido escrita. Si Abraham hubiese muerto antes de que naciera Isaac, la nación entera de Israel, tal como la conocemos, jamás habría existido. ¿Y si Martín Lutero hubiera partido de esta tierra sin clavar sus *noventa y cinco tesis* en la puerta de la Iglesia del Castillo de Wittenberg? ¿Y si Charles Wesley hubiera fallecido sin escribir miles de himnos o si John Wycliffe hubiese muerto sin organizar la primera traducción de la Biblia al inglés? ¡Qué diferente habría sido la historia de la iglesia!

¿Puede imaginarse cuántas grandes obras de arte, música y literatura, así como cuántos avances médicos y tecnológicos, están enterrados en el cementerio cerca de su casa porque la gente permitió que alguien más dictara su futuro o restringiera lo que podían hacer con el potencial que tenían? Las personas mueren con el potencial para la grandeza aún enterrado en su interior, sin tener acceso a todo lo que Dios había sembrado en ellas para el beneficio del mundo. ¿Puede imaginarse cuántas soluciones a los problemas que enfrentamos hoy están enterradas con aquellos cuyas vidas se han perdido irremediablemente para el mundo?

Usted sirve a un gran Dios que quiere hacerlo grande y hacer grandes cosas a través de usted.

Aumentarás mi grandeza, y volverás a consolarme.

—Salmos 71:21

· · ·

Entienda el poder del tiempo

La ley de las estaciones

> Dijo luego Dios: Haya lumbreras en la expansión
> de los cielos para separar el día de la noche; y
> sirvan de señales para las estaciones, para días y
> años, y sean por lumbreras en la expansión de los
> cielos para alumbrar sobre la tierra. Y fue así.
> —Génesis 1:14-15

¿Alguna vez ha perdido una oportunidad? Tal vez el negocio de toda una vida se presentó solo, pero no lo reconoció. Quizás la relación que siempre ha querido o el acceso a la plataforma perfecta llegaron, pero de alguna manera usted perdió la oportunidad. Tal vez falló en hacer esa única cosa que habría catalizado la respuesta a esa gran oración.

Es posible que haya descuidado un elemento importante que habría cambiado el resultado de un proyecto. Quizás no sabía cómo aprovechar el potencial de la red informática, porque estaba operando con un conocimiento limitado. Tal vez perdió un vuelo y esto causó que faltara a una cita importante. Quizás tenía miedo de tomar una decisión debido a las inevitables consecuencias, así que no hizo nada.

Las oportunidades perdidas son muy frustrantes. A veces no se presentan en la forma que esperamos, así que no las reconocemos. A veces no estamos preparados para ellas y tenemos que decir que no. Por cualquier razón, perderse una oportunidad resulta exasperante, en especial si percibimos el tiempo oportuno de Dios en ella.

Cuando usted se pierde el momento justo para hacer algo, puede sentir como si su vida se hubiera salido de control. Sin embargo, no se desanime, porque todos hemos experimentado esto en un momento u otro. Esa es una de las razones por las que Jesús vino como nuestro Salvador. Dios es el Redentor de todas las cosas, incluso del tiempo. Y Él ayudará a restaurar lo que se ha perdido. A través del profeta Joel prometió: "Y os restituiré los años que comió la oruga, el saltón, el revoltón y la langosta" (Joel 2:25). Dios reajustará el tiempo para que usted cumpla con su tarea.

EL TIEMPO ES UN RECURSO DIVINO

Dios quiere darle sabiduría para vivir, una sabiduría que se gana con el tiempo y la experiencia. El tiempo fue una de las primeras cosas que Dios creó cuando colocó las luces en el cielo como "señales para las estaciones, para días y años" (Génesis 1:14). Él creó el tiempo *con* un propósito y *para* un propósito de modo que finalmente usted pueda cumplir *su* propósito.

Debido a que crear el tiempo fue una prioridad para Dios, el uso o la distribución correctos de su tiempo debe ser una prioridad para usted. Comprender el valor del tiempo tendrá un profundo efecto en la forma en que vive día a día.

Dios le da tiempo mientras está en la tierra para cultivar la semilla de su potencial. Él le da tiempo como un recurso divino para prosperar si lo valora apropiadamente y aprovecha el tiempo y las oportunidades que le han sido dadas. Si no lo hace, se encontrará viviendo una vida empobrecida por el arrepentimiento. Creo que la exhortación de Pedro en cuanto a "sed sobrios, y velad" se refiere a cómo administramos nuestro tiempo en medio de los momentos difíciles, porque el derroche lo hace vulnerable a un enemigo que "anda alrededor buscando a quien devorar" (1 Pedro 5:8).

El tiempo es una mercancía celestial importante y la moneda con la que usted comercia en la tierra. En su carta a los efesios, Pablo nos instruye a redimir el tiempo. "Mirad, pues, con diligencia cómo andéis, no como necios sino como sabios, aprovechando bien el tiempo, porque los días son malos" (Efesios 5:15-16). El enemigo se le acercará con distracciones. Por eso es tan importante que ordene sus días con diligencia. Debe permanecer vigilante consultando con Dios acerca del momento oportuno para todo. "Enséñanos a entender la brevedad de la vida, para que crezcamos en sabiduría" (Salmos 90:12, NTV).

He escuchado esta idea expresada como algo así.

> Para darse cuenta del valor de un año, pregúntele a un estudiante que ha reprobado algunos cursos en la universidad.
>
> Para darse cuenta del valor de un mes, pregúntele a una madre que ha dado a luz a un bebé prematuro.
>
> Para darse cuenta del valor de una semana, pregúntele a un editor de un periódico semanal.
>
> Para darse cuenta del valor de un día, pregúntele a un jornalero que tenga hijos que alimentar en base a su capacidad diaria para trabajar.

Para darse cuenta del valor de una hora, pregúntele a la novia que está esperando pacientemente en el altar a reunirse con su novio.

Para darse cuenta del valor de un minuto, pregúntele a una persona que ha perdido su vuelo de conexión.

Para darse cuenta del valor de un segundo, pregúntele a una persona que ha evitado un accidente.

Para darse cuenta del valor de un milisegundo, pregúntele a la persona que ha ganado una medalla de plata en las Olimpiadas.[1]

Aprenda a conocer el valor del tiempo. Asígnele una tarea a cada día. No desperdicie ni un solo instante de esta preciosa vida, porque en cada momento hay potencial para prosperar y en cada milisegundo hay una oportunidad de ganar el oro.

LA LEY DE LAS ESTACIONES

Más grande que el tema del tiempo es el Creador del tiempo. Dios mismo es el interventor del tiempo, el diseñador maestro, el fabricante y el ingeniero del tiempo. Él todavía determina los tiempos y las estaciones. Tiene jurisdicción sobre cuándo comienzan las cosas y cuándo terminan. Dios conoce el propósito de su nacimiento, el destino de su vida y la trayectoria necesaria para que usted llegue al final esperado. Sabe lo que necesita para vivir la visión que Él ha inspirado en su corazón. Es Dios quien le ha dado esos deseos de su corazón, y es Dios quien los hará cumplir si se deleita en Él (Salmos 37:4).

Aparte su mente de sus circunstancias actuales y fije sus

pensamientos en la bondad y la fidelidad de Dios (Colosenses 3:2). Confíe en Él y le "mostrará cuál camino tomar" (Proverbios 3:6, NTV), conduciéndolo a la vida de sus sueños. ¡Sin importar lo que se presente en esta temporada, es solo eso, una temporada!

Todo bajo el sol funciona según las estaciones. El invierno puede parecer frío y oscuro, pero usted sabe que la primavera llegará. Incluso bajo el suelo congelado, esas semillas del potencial se están agitando, listas para estallar a la primera señal de la primavera. Salomón escribió: "Mira, el invierno se acabó y las lluvias ya pasaron. Las flores están brotando, ha llegado la temporada de los pájaros cantores" (Cantares 2:11-12, NTV). Porque como también escribió Salomón: "Hay una temporada para todo, un tiempo para cada actividad bajo el cielo" (Eclesiastés 3:1, NTV).

Jesús contó una parábola sobre una higuera que habla de las estaciones:

> Tenía un hombre una higuera plantada en su viña, y vino a buscar fruto en ella, y no lo halló. Y dijo al viñador: He aquí, hace tres años que vengo a buscar fruto en esta higuera, y no lo hallo; córtala; ¿para qué inutiliza también la tierra? Él entonces, respondiendo, le dijo: Señor, déjala todavía este año, hasta que yo cave alrededor de ella, y la abone. Y si diere fruto, bien; y si no, la cortarás después.
>
> —Lucas 13:6-9

Algo estaba impidiendo que esta higuera produjera frutos. Así que el dueño del viñedo le dio un tiempo específico para crecer y cumplir con su tarea en la tierra. Él volvía de vez en cuando en busca de sus frutos, examinando el árbol para ver si estaba cumpliendo con su misión. Sin embargo, año tras año el árbol no había dado ninguna señal de productividad, ninguna prueba de que estuviera cumpliendo con su propósito, y mucho menos de que estuviera maximizando su potencial.

Al igual que la higuera, usted ha sido diseñado intencionalmente para dar fruto y aportar valor a un mundo hambriento de soluciones a sus muchas necesidades cruciales. Tenga en cuenta su propia productividad. Si se ha sentido estancado e insatisfecho, probablemente no está invirtiendo en otros. Si su vida ha sido estéril en lo que respecta a las buenas obras, tal vez debería añadirle fertilizante a su fe satisfaciendo una necesidad. No hay nada más satisfactorio que suplir las necesidades de otros. Nada lo hará volver más al camino de su propósito que servir a los demás.

> Porque somos hechura suya, creados en Cristo Jesús para buenas obras, las cuales Dios preparó de antemano para que anduviésemos en ellas.
>
> —Efesios 2:10

¿Cuáles son las buenas obras que Dios ha preparado para que usted haga? Dios lo comisionó para que fuera fructífero, y hasta que encuentre el fruto que va a dar en la tierra, permanecerá débil y enfermo como la higuera estéril. Santiago escribió: "Muéstrame tu fe sin tus obras, y yo te mostraré mi fe por mis obras" (Santiago 2:18).

Aprenda a aprovechar al máximo la temporada en la que se encuentra. Discierna los tiempos para entender lo que Dios le está mostrando hoy. Los descendientes de Isacar en 1 Crónicas 12:32 eran hombres "entendidos en los tiempos, y que sabían lo que Israel debía hacer". ¿Qué debería estar haciendo en esta temporada a fin de posicionarse para alcanzar el éxito en la próxima? ¿Qué debe hacer ahora para llegar a donde quieres estar el año que viene? ¿Cómo puede empezar a ser más productivo ahora para cultivar la tierra del éxito en su jardín del mañana?

En el lapso de una temporada, todo en su vida puede ser cambiado para mejor. A veces el cambio simplemente requiere la llegada de una nueva estación, pero más a menudo usted necesita arar la tierra improductiva, sembrar nuevas semillas, o fertilizar lo que ya ha sido plantado.

La mayoría de nosotros no valoramos el poder de prosperidad inherente a la estación de la vida en la que nos encontramos. ¿Es un tiempo para plantar, un tiempo para deshierbar, un tiempo para regar o un tiempo para cosechar? ¿Qué idea con respecto a un libro o un negocio ha estado dando vueltas en su espíritu? ¿Es hora de contratar a un entrenador o comunicarse con un agente? ¿Es la temporada para iniciar un nuevo negocio o abrir una nueva tienda? ¿O es momento de ponerle fin a una empresa fracasada y marcharse? ¿Es hora de comprar una nueva propiedad o de vender lo que tiene para que pueda mudarse al extranjero al campo misionero? Practique el discernimiento. Dios le dará ojos para ver si el invierno ha pasado y es tiempo de plantar o si los campos están maduros para la cosecha. "No nos cansemos, pues, de hacer bien; porque a su tiempo segaremos, si no desmayamos" (Gálatas 6:9).

CULTIVE SU TIEMPO

Usted es el horticultor de su tiempo. Solo usted elige qué cultivar en el jardín de su día, qué cultivar para producir el fruto que desea en el gran jardín de su vida. Se le ha dado toda una vida con el fin de descubrir su propósito, maximizar su potencial y dejar un legado para la próxima generación. Muchas personas grandes que se han ido antes que usted han cumplido sus tareas durante su vida, y Dios quiere que usted cumpla las suyas. Él le proporcionará estrategias acerca de cómo usar el tiempo para alcanzar los sueños que le ha dado.

Conozca el valor del tiempo. Si el tiempo es dinero, como se dice a menudo, entonces perder tiempo es perder las oportunidades que se le dan para crear riqueza. El conde de Chesterfield dijo: "Conozca el verdadero valor del tiempo; arrebate, aproveche y disfrute cada momento. Nada de holgazanería, pereza ni postergación; nunca deje para mañana lo que puede hacer hoy".[2] Imagine las posibilidades que surgirían si aprovechara de una manera más magistral el poder del tiempo, si aprovechara su poder como el recurso primario que se le ha dado para crear y cultivar todo lo que Dios ha puesto en sus manos. Así como un surfista gana velocidad e ímpetu al surfear sobre las olas del océano, usted puede hábilmente "surfear sobre las olas" de las horas de su día.

Todos somos viajeros del tiempo. Desde el día en que fue concebido hasta el día en que muere, usted está viajando a través de las estaciones del tiempo. Piense en esta verdad por un momento: desde su último cumpleaños hasta el siguiente, habrá completado una revolución alrededor del sol sin ningún esfuerzo o implicación personal. Si puede lograr tal hazaña sin ningún tipo de planificación o esfuerzo, imagine cómo sería su vida dentro de trescientos sesenta y cinco días con solo un poco de concentración y esfuerzo. Luego imagine lo que sería posible si le dedicara a cada uno de esos trescientos sesenta y cinco días toda su atención y toda la fuerza de su energía.

La palabra *indivisible* significa "no separado en partes o piezas: existiendo como un todo único".[3] Esta conlleva la idea de estar intacto, ser ininterrumpido, no distribuido. Es cierto que no siempre se tiene control sobre las circunstancias y las exigencias del día, especialmente cuando los niños están implicados. Sin embargo, si usted puede controlar incluso una pequeña porción del día, un momento en el que su atención se encuentre totalmente enfocada en una meta que está determinado a alcanzar, puede lograr cosas extraordinarias.

TEMPRANO A LA CAMA, TEMPRANO A LEVANTARSE

Aproveche el poder de la última y la primera hora de cada día. Es posible que usted no pueda controlar lo que se desarrolla en el medio, pero por lo general es capaz de regularlo. Esto puede requerir que se quede despierto una hora más tarde o que se levante una hora antes. No obstante, reservar una hora al comienzo o el final de cada día para reflexionar, leer, escribir en un diario y orar energizará cada otra hora que esté despierto. Fue Martín Lutero quien dijo: "Tengo tanto que hacer que pasaré las primeras tres horas en oración".[4]

Los estudios han demostrado que las personas más exitosas tienen una rutina matutina. Además de poseer una visión y objetivos claros, la mayoría de las personas que alcanzan grandes logros tienen regímenes de cuidado personal constantes a primera hora de la mañana que van más allá del desayuno y la ducha. Las personas más sanas y acaudaladas aprovechan al máximo esas primeras horas planificando, leyendo, estudiando, haciendo ejercicio, meditando u orando, y comiendo un desayuno nutritivo. Ellos nutren sus cuerpos, mentes y almas. Lo que comienza bien tiene más probabilidades de terminar bien. En realidad, creo que su estado físico, intelectual y espiritual está determinado por la forma en que usted administra esas primeras horas de cada día.

Una rutina matutina exitosa comienza con una rutina nocturna exitosa. Para empezar fuerte, debe terminar fuerte. Soy la anfitriona de la Cumbre de Empoderamiento Termine su Año Fuerte[5] cada año para que las personas estén en posición de comenzar el próximo año con fuerza y poder.

Hay que preparar el terreno para el éxito. Esto significa que debe recargarse por la noche de modo que pueda funcionar por la mañana. Apague la computadora, la televisión, el teléfono y todos sus aparatos a fin de que pueda prepararse para prosperar leyendo un libro, planificando el día siguiente, disponiendo su ropa de entrenamiento, ordenando, o haciendo cualquier cosa que lo prepare para comenzar el día con fuerza y poder. Esto le permitirá despejar su mente de modo que pueda descansar bien durante la noche. Esos "momentos para mí", como yo los llamo, le permiten recargar sus baterías, energizarse o renovarse para que pueda al día siguiente ser una fuerza que tome al mundo por asalto.

Aprenda el arte de estar al mando de su mañana. A través de la oración y las declaraciones de fe de la noche anterior, usted puede traer el éxito, el progreso y la prosperidad a su mañana. Ore con respecto a su visión y pídale a Dios una estrategia específica para llevarla a cabo.

No importa si una persona es brillante y adinerada o inculta y con carencias socioeconómicas, a cada uno se le dan las mismas veinticuatro horas del día. La forma en que cultive su tiempo determinará el grado en que sea capaz de aprovechar cualquier oportunidad que se le presente.

Como expliqué en un capítulo anterior, aunque en realidad no se puede "administrar" el tiempo, usted puede administrarse a sí mismo y sus actividades de acuerdo a un marco de tiempo específico. Es posible crear una vida excepcional incorporando deliberadamente a su rutina diaria los objetivos específicos que desea lograr dentro de un marco de tiempo determinado, lo cual lo acercará al cumplimiento de su propósito y la maximización de su potencial.

Al final del día, todo se reduce a gobernarse a uno mismo. Usted puede decidir qué hacer con el tiempo que se le ha dado. Lograr una vida de calidad comienza con una mentalidad de calidad sobre el bien precioso llamado tiempo.

DÍGALE A SU TIEMPO ADÓNDE IR

Hacer del presente una prioridad resulta esencial para dejar atrás el pasado. Usted debe plantarse firmemente en el hoy que se le ha dado para obtener el impulso hacia adelante que lo catapultará al futuro de sus sueños. Aproveche el presente para dejar atrás el pasado. Decirle hola a su mañana es la mejor manera de decirle adiós a su ayer.[6] Piense en lo que viene después. Aumente sus expectativas de lo que quiere que suceda. Cree un poco de urgencia porque esas cosas ocurran.

También es útil aprender a vivir en medio de la tensión entre la sana anticipación y el santo descanso. El autor de Hebreos escribió: "Procuremos, pues, entrar en aquel reposo" (Hebreos 4:11). Otra traducción dice: "Esforcémonos, pues, por entrar en ese reposo" (NVI). Resulta interesante que debamos *esforzarnos diligentemente* para entrar en el reposo de Dios. Esto es como esa tensión creativa que usted debe mantener entre lo que es y lo que puede ser.

Cuando realmente entienda el valor del tiempo, impondrá su autoridad sobre él de una manera más activa. Reconocerá actividades y personas que le hacen perder el tiempo, alejándose de ellas porque no enriquecen su vida. Considere quiénes y cuáles son sus saqueadores de tiempo. ¿Tiene amigos que están aburridos de sus vidas y quieren perder tiempo y dinero en actividades y relaciones consuntivas? No tengo paciencia con la gente que compra sin pensar o que solo quiere pasar el rato. Ha escuchado decir que uno se parece a aquellos con los que se reúne. Esto habla del poder de sus relaciones, pero también habla de cómo usted administra su tiempo.

No deje que la vida solo suceda para usted. Haga uso de la capacidad de actuar y el "dominio propio" que le ha sido dado en Cristo (2 Timoteo 1:7), de modo que ejerza autoridad sobre su tiempo. Recuerde, se trata menos de lo que usted está exigiendo de la vida y más acerca de lo que está exigiendo de sí mismo. He escrito un módulo completo de asesoramiento sobre cómo puede aprovechar con maestría el poder del tiempo.[7] Algunas herramientas sencillas para bloquear, dosificar o identificar cuándo es más creativo y qué tareas pertenecen a su zona de ingenio pueden mejorar realmente la eficacia. Incluso puede aprovechar los tiempos de espera en su beneficio. Su tiempo le pertenece.

Ocupe el asiento del conductor de su vida, póngala en marcha y pise el acelerador. Puede dirigir su vida programando las coordenadas y diciéndole a su máquina del tiempo a dónde ir. Usted es un viajero del tiempo, así que decide a dónde quiere que lo lleve. Está en control de su destino y puede lograr lo que quiera una vez que aprenda a discernir las estaciones y a surfear expertamente sobre las olas de cualquier día.

No permita que el tiempo arruine lo mejor de usted, sino más bien utilícelo al máximo. No malgaste el tiempo que le han dado, porque la forma en que elija usarlo determina la calidad de su vida. Si desvaloriza su tiempo, desvaloriza su vida. Aproveche al máximo su vida aprovechando al máximo su tiempo.

> Este es el día que hizo Jehová; nos gozaremos y alegraremos en él.
>
> —SALMOS 118:24

TERCERA PARTE:

— • • • —

Reclame

- - -

CAPÍTULO 7

Sea impulsado por un propósito

LA LEY DE LA MISIÓN

E hizo Dios las dos grandes lumbreras; la
lumbrera mayor para que señorease en el
día, y la lumbrera menor para que señorease
en la noche; hizo también las estrellas [...]
Y fue la tarde y la mañana el día cuarto.
—GÉNESIS 1:16, 19

TRANSCURRE EL CUARTO día de la creatividad divina. Nuestro
Dios Creador, siguiendo su *modus operandi* de traer las cosas
a la existencia por medio de su palabra, ha llamado a los mares
y los cielos, las estaciones, los años y el ritmo de los días. Dios
creó el sol y la luna, y cada uno recibió una tarea específica. Al
sol le fue asignado gobernar, regir y dominar el día, mientras
que a la luna se le asignó la noche para gobernarla, regirla y
dominarla. Dios hizo las estrellas, esparcidas a través del cielo
como millones de luciérnagas resplandecientes, y ellas también
tenían asignaciones. Las estrellas ayudaron a trazar los comienzos y los finales de las estaciones y sirven como un sistema de
navegación universal.

Todo lo que Dios creó fue diseñado para cumplir con una tarea específica, y esa tarea es siempre para traerle gloria.

> Los cielos cuentan la gloria de Dios, y el firmamento anuncia la obra de sus manos. Un día emite palabra a otro día, y una noche a otra noche declara sabiduría. No hay lenguaje, ni palabras, ni es oída su voz. Por toda la tierra salió su voz, y hasta el extremo del mundo sus palabras. En ellos puso tabernáculo para el sol; y éste, como esposo que sale de su tálamo, se alegra cual gigante para correr el camino. De un extremo de los cielos es su salida, y su curso hasta el término de ellos; y nada hay que se esconda de su calor.
>
> —SALMOS 19:1-6

Como Cristo mismo lo proclamó, así cada uno de nosotros debe ser capaz de declararle un día: "Yo te he glorificado en la tierra; he acabado la obra que me diste que hiciese" (Juan 17:4).

Una misión es una tarea designada que se le ha dado para que la lleve a cabo, una labor encomendada que realizar, una empresa que ejecutar, o una iniciativa que completar. Así como Dios creó dos grandes lumbreras, cada una con una tarea específica que cumplir, así también le ha dado a usted y a cada persona nacida en la tierra una tarea. Usted podría sentirse tentado a descalificarse de ese reino de la grandeza si se compara con aquellos que considera que tienen un llamado especial a hacer grandes cosas. Sin embargo, permítame asegurarle que no hay ninguna tarea inferior o insignificante de parte de Dios.

Esta historia sobre una niña y unos cuantos centavos lo prueba.[1]

Un domingo el pastor Russell H. Conwell encontró a unos

niños esperando fuera del salón de la escuela dominical, porque estaba demasiado lleno para que pudieran entrar. Una niña pequeña, Hattie May Wiatt, vivía cerca, y aferrada a sus libros y a su contribución estaba tratando de decidir si esperar o irse a casa. El pastor Conwell la levantó, la puso sobre sus hombros y la llevó al salón de clases, encontrando una silla para ella en la parte de atrás.

Al día siguiente, el pastor se la encontró mientras caminaba hasta la escuela y le dijo que pronto tendrían un salón más grande para la escuela dominical. Ella dijo que así lo esperaba, porque estaba tan lleno de gente que tenía miedo de ir allí sola. Él le aseguró que pronto comenzarían a recaudar fondos con el fin de construir un nuevo edificio escolar con suficiente espacio para que todos los niños pudieran asistir. El pastor Conwell admitió que esto era más una visión que una realidad, pero deseaba entablar una conversación con Hattie.

Pronto Hattie se enfermó, y aunque el pastor Conwell oró por ella, la niña murió. En el funeral, la madre de Hattie le entregó al pastor una bolsita con cincuenta y siete centavos que su hija había estado ahorrando para el salón más grande de la escuela dominical.

El pastor Conwell llevó el dinero a la iglesia y anunció que ya tenían la primera contribución para el nuevo edificio de la escuela. Cambió las monedas por cincuenta y siete peniques y las subastó, obteniendo doscientos cincuenta dólares. Con este dinero, compraron una casa al lado de la iglesia para ampliar la escuela dominical. Además, cincuenta y cuatro de los cincuenta y siete centavos fueron donados a la iglesia.

Pronto esta no fue lo suficiente grande, así que se acercaron a un hacendado para comprar su terreno. Cuando se enteró de la historia, redujo su precio y tomó los cincuenta y cuatro centavos como pago inicial.

Con el tiempo, esta pequeña donación condujo a la fundación de la Universidad de Temple y el Hospital Samaritano (ahora el Hospital Universitario de Temple), así como a la ampliación de la iglesia. El pastor Conwell colgó un retrato de Hattie en su oficina para que le recordara esta extraordinaria historia. A veces estamos bloqueados por nuestro propio pensamiento pequeño con respecto a lo que Dios es capaz de lograr con aquello aparentemente intrascendente que se nos ha dado para hacer o con los recursos insignificantes a nuestra disposición. Considere lo que habría sucedido si esa niña hubiera pensado que no había nada que pudiera hacer y no hubiese apartado esas monedas. Lo que parecía ser una cantidad insignificante de cambio suelto fue capaz de animar y revitalizar a toda una comunidad. Con esta motivación, pudieron construir un hospital, una universidad, una iglesia, y sí, más instalaciones para las clases de la escuela dominical de los niños. La simple contribución de una niña pequeña cambió la ciudad, hizo historia y creó un impacto eterno exponencial. Esta anécdota nos enseña que cualquier cosa pequeña que se nos haya asignado hacer tiene el poder para cambiar el mundo.

El secreto para vivir una vida exitosa, para aprovechar al máximo su tiempo en la tierra, incluye utilizar el poder de la misión. A medida que usted aprende a dejar ir el ayer y abrazar la frescura del poder y la provisión de Dios para cada nuevo día, haga uso del poder de su misión.

PREDESTINADOS PARA EL ÉXITO

Todo acerca de su vida está bien planeado, divinamente premeditado, arreglado de manera soberana y pensado a conciencia. Dios literalmente moverá el cielo y la tierra para que usted realice y complete exitosamente su tarea. En su carta a los romanos, Pablo escribió:

> Porque a los que antes conoció, también los predestinó para que fuesen hechos conformes a la imagen de su Hijo, para que él sea el primogénito entre muchos hermanos. Y a los que predestinó, a éstos también llamó; y a los que llamó, a éstos también justificó; y a los que justificó, a éstos también glorificó. ¿Qué, pues, diremos a esto? Si Dios es por nosotros, ¿quién contra nosotros?
>
> —Romanos 8:29-31

La palabra *predestinado* viene del término griego *proorizō*. Este último se ha formado a partir de *pro*, que significa "antes"[2] y *horizō*, que significa "marcar o delimitar ("horizonte")".[3] Juntos se refieren a algo que se extiende ante usted. *Predestinado* también significa "predeterminar, designar de antemano; Dios decretando desde la eternidad".[4] Antes de que fuera formado en el vientre de su madre, Dios puso en su lugar todo lo que usted necesitaría a fin de cumplir el propósito divino para su vida. Determinó su altura, talla y físico. Seleccionó sus dones, talentos y habilidades, y lo diseñó para completar con éxito lo que se le ha dado a hacer. Ya que su propósito es la razón de su existencia, usted está creado expresamente para cumplir con su tarea.

Las palabras de Salmos 139 pueden aumentar su comprensión de los pensamientos de Dios con respecto a usted, especialmente cuando se siente inseguro, insignificante y fuera de lugar. Quiero guiarlo a través de este pasaje frase por frase, profundizando en la revelación que le dará confianza para abrazar su tarea. Tómese un momento para meditar en este pasaje de las Escrituras.

> Te alabaré, porque asombrosa *y* maravillosamente he sido hecho; maravillosas son tus obras, y mi alma lo sabe muy bien. No estaba oculto de ti mi cuerpo, cuando en secreto fui formado, *y* entretejido en las profundidades de la tierra. Tus ojos vieron mi embrión, y en tu libro se escribieron todos los días que *me* fueron dados, cuando *no existía* ni uno solo de ellos. ¡Cuán preciosos también son para mí, oh Dios, tus pensamientos! ¡Cuán inmensa es la suma de ellos! Si los contara, serían más que la arena; al despertar aún estoy contigo.
> —Salmos 139:14-18, lbla

David declaró: "Te alabaré, porque asombrosa *y* maravillosamente he sido hecho". Las palabras traducidas "asombrosa *y* maravillosamente he sido hecho" provienen de la palabra hebrea *palah*, que significa "ser distinto, ser separado, ser distinguido".[5] La siguiente frase que leemos afirma que las obras de Dios son maravillosas, la cual también se deriva de la palabra hebrea *pala'*, que significa "ser asombroso, ser extraordinario".[6] Ese es *usted*. ¡Dios lo hizo maravillosamente!

Según Salmos 139, Dios ha escrito la historia de su vida:

principio, intermedio y fin. Él conoce todos los giros de la trama, los momentos culminantes y la disposición de las siguientes escenas. Lo vio en su imperfección y aun así lo abrazó y le dio un propósito, el cual no debe ser escondido. Pablo escribió a los corintios: "Nuestras cartas sois vosotros, escritas en nuestros corazones, conocidas y leídas por todos los hombres" (2 Corintios 3:2). Nuestras vidas debe ser vividas afuera y en voz alta, a fin de que puedan ser "conocidas y leídas por todos" para alabanza y gloria de Dios.

Por eso David declaró en Salmos 139: "¡Cuán preciosos me son, oh Dios, tus pensamientos! ¡Cuán grande es la suma de ellos! Si los enumero, se multiplican más que la arena" (vv. 17-18). Dios ha entretejido intrincadamente todas las partes que componen la suma de quién usted es. Usted es alguien maravilloso y extraordinario. Está marcado con distinción, unicidad, valor y dignidad a pesar de sus imperfecciones. Desde el vientre, ya era más que suficiente, único, exclusivo y apartado. Usted está hecho para ser grande y vivir un propósito extraordinario.

Una vez que entienda su tarea, se dará cuenta de que no tiene competencia. El sol y la luna no compiten. Ambos son necesarios para completar el ciclo de un día. Cada uno es considerado grande y misterioso sin necesidad de competir con el otro. De la misma manera, usted no tiene que competir con nadie en este mundo, porque es extraordinario en sí mismo y por sí mismo. Entender su misión y cumplirla implica hacer uso de su grandeza.

Declare esto en voz alta ahora:

Mis relaciones deben existir sin conflictos ni competencia. Complemento a todos los que me rodean, y todos

me complementan. Nadie luchará conmigo. Operamos
bajo la ley del aumento y la disminución.

Estoy contento con mi misión divina. Me niego a compe-
tir con nadie. No siento celos, envidia o enojo. Estoy feliz
de que Dios me haya hecho exactamente como soy.

Yo soy la luz del mundo, una ciudad asentada sobre un
monte (Mateo 5:14). Por lo tanto, dejaré que mi luz
brille ante la gente para que vean mis buenas obras y
glorifiquen a mi Padre en el cielo (v. 16).

Dios me ha establecido en este mundo para avanzar
en su reino. Nada de lo que hago es insignificante, no
importa cuán pequeña sea la tarea o minúscula la misión.

Comprenderé y cumpliré con el protocolo divino para
mi vida. Cumpliré con mi propósito, maximizaré mi
potencial y realizaré mis tareas diarias. Gobernaré
como líder del pensamiento en todas mis esferas de
influencia.

A todo en el universo se le ha dado una misión. Ore a diario
por la suya.

EL CUARTO DÍA

En el cuarto día Dios le dio los toques finales al escenario de
la tierra y el cielo que Él hizo para el hombre. (Véase Génesis
1:19.) El número cuatro es significativo para entender el orden y
la estructura de su misión. La Biblia describe las cuatro esqui-
nas de la tierra (Isaías 11:12) y los cuatro ríos que fluyen del

Edén (Génesis 2:10-14).[7] Hay cuatro fases principales de la luna: luna nueva, cuarto creciente, luna llena y cuarto menguante.[8] Experimentamos cuatro estaciones: primavera, verano, otoño e invierno. Incluso nuestros días están divididos en cuatro partes: mañana, mediodía, tarde y noche.

A medida que conozca los detalles específicos de su misión, usted cobrará vida en su propio cuarto día espiritual cuando los elementos de su tarea comiencen a tomar forma. Despertará al significado del propósito para el cual ha sido creado. Sus direcciones, ciclos, tiempos y estaciones se alinearán y le darán enfoque y determinación para vivir cada momento con mayor intención y reflexión. Su cuarto día es su mayoría de edad, el día en que se vuelve claro que cuando usted vive plenamente consciente de su misión, prosperará.

Quiero desafiarlo a que se tome un tiempo cada cuatro días para reconsiderar la misión que le han asignado. Ore para que Dios lo ayude a desempeñar su papel en la manifestación de su voluntad en la tierra como en el cielo. Lo que usted necesita en el futuro son los principios de la ley de la misión para que le ofrezcan los parámetros dentro de los cuales prosperará.

LA LEY DE LA MISIÓN

Poco después de que Dios estableciera la tierra y todo lo que hay en ella, hizo al hombre y a la mujer. Luego los bendijo y les dio sus primeras tareas.

Y los bendijo con estas palabras: "Sean fructíferos y multiplíquense; llenen la tierra y sométanla;

> dominen a los peces del mar y a las aves del cielo,
> y a todos los reptiles que se arrastran por el suelo".
> —GÉNESIS 1:28, NVI

Las misiones de Adán y Eva perduran en la memoria genética de todos los seres humanos que han vivido. Cada uno de nosotros tiene un papel en el mantenimiento y el avance del séptimo mandato de la creación.

1. Fructificar.

2. Multiplicarse.

3. Llenar la tierra.

4. Someter.

5. Dominar (liderar bien dentro de su reino o región de influencia).

6. Vivir saludablemente (mente, cuerpo y espíritu).

7. Ser productivo.

Antes de que Dios asigne una tarea, bendice a aquellos a quienes está comisionando. Su bendición es un prerrequisito necesario para cumplir nuestro propósito con éxito. En su carta a Timoteo, Pablo escribió que hemos sido llamados "según el propósito suyo y la gracia que nos fue dada en Cristo Jesús antes de los tiempos de los siglos" (2 Timoteo 1:9). El propósito es la misión que se le ha dado, y la gracia es el poder para cumplirla. Dios nos confiere su gracia y favor, las dos fuerzas sobrenaturales que lo capacitan para prosperar en el cumplimiento de su misión (Deuteronomio 15:10).

Además, la bendición de Dios ordena que los recursos se manifiesten según sea necesario para que usted pueda prosperar en la misión a la que ha sido enviado. Su bendición declara un éxito abundante sobre todos nuestros esfuerzos.

Dentro de esta atmósfera existen principios que debe entender y aplicar en conjunto para que pueda completar proyectos, estrategias, operaciones y colaboraciones. He aquí catorce principios que sustentan la ley de la misión.

1. Todo en el universo tiene una misión.

Dios le delegó ciertas responsabilidades a cada sistema en el universo. El sol regula los ciclos diarios. La luna afecta las mareas. Si ellos no cumplen con sus tareas, no habrá estaciones, horas, días o años. Es imperativo que todo cumpla con su misión, ya que complementa todo lo demás.

2. Cada persona en la tierra tiene una misión.

Desde el principio, Dios les asignó a Adán y Eva la tarea de gobernar, ser fructíferos y multiplicarse. Noé fue designado para construir el arca. A Moisés se le encomendó afectar los sistemas sociales e instituciones como un gran libertador de la nación hebrea.

Desde el Antiguo Testamento hasta el Nuevo Testamento, desde la era de los profetas, jueces y reyes hasta la era de los discípulos, la iglesia y sus líderes, vemos el cuadro vívido del poder de la misión activado página tras página de relatos milagrosos. Pablo dejó claro en su carta a los colosenses que él era "apóstol de Jesucristo por la voluntad de Dios" (Colosenses 1:1).

Sin embargo, en ese momento los protagonistas de estos

relatos pueden no haber pensado que lo que estaban haciendo era algo extraordinario. Simplemente estaban siendo obedientes. La rutina diaria nunca fue glamurosa. A menudo no se les reconocía por cumplir las tareas divinas que se les asignaban como parte de "la voluntad de Dios". Sin embargo, los hombres y mujeres comunes se vieron impulsados por algo más grande que ellos mismos a utilizar fielmente sus pasiones e inclinaciones cotidianas para hacer del mundo un lugar mejor. Al igual que ellos, usted tiene una misión que es parte "de la voluntad de Dios". La forma en que cumpla con su misión no solo afectará su destino, sino que también afectará los destinos de muchos otros.

3. Las misiones son geoespecíficas.

Hay una cuadrícula profética (un código postal) para saber dónde va a cumplir su misión. Este lugar tendrá una atracción magnética sobre usted basada en su ADN, su propósito y su forma de pensar.

Adán cumplió su tarea en el Huerto del Edén. Moisés cumplió su misión en Egipto y más tarde en el desierto. Daniel cumplió su misión en Babilonia. El apóstol Juan cumplió la suya en la isla de Patmos, donde escribió el libro de Apocalipsis. La misión de Winston Churchill fue en Inglaterra, y la de Barack Obama en Estados Unidos de América.

Tal vez a usted se le asigne, como a mí, a varias localizaciones geográficas para varios tiempos y propósitos. Nací en una pequeña isla llamada Bermuda, y luego me trasladé a Estados Unidos. Sin embargo, cumplo con mis tareas en diferentes partes del mundo: Nigeria, los Países Bajos, Canadá, Brasil, Bahamas, Jamaica, Inglaterra, Guyana, Sudáfrica, India y más. Dios le dijo a Jeremías: "Mira que te he puesto en este día sobre naciones y sobre reinos, para arrancar y para destruir, para arruinar y para derribar, para edificar y para plantar" (Jeremías 1:10).

4. Las misiones son específicamente para un tiempo.

Eclesiastés 3:1 dice: "Todo tiene su tiempo, y todo lo que se quiere debajo del cielo tiene su hora". No se quede tan atrapado en su pasado que no aproveche al máximo el presente. No cumplir con una tarea dada en el tiempo asignado tendrá un efecto potencialmente negativo en su vida. Pídale a Dios que le dé una idea de cómo manejar sus actividades de acuerdo a un marco de tiempo específico. Ore para que el Señor le enseñe a contar sus días, como dijo Moisés en Salmos 90, de modo que traiga sabiduría a su corazón (v. 12).

5. Usted debe elegir cumplir con su misión.

"Muchos son llamados, y pocos escogidos" (Mateo 22:14). ¿Por qué? ¡Porque los escogidos son los que hacen la elección! Usted debe elegir hacer lo que Dios lo ha llamado a hacer. ¿Cómo responderá cuando el Señor le diga: "Tu misión, si la aceptas, es…"?

Isaías se vio envuelto en una gloriosa escena celestial. Unos ángeles fueron enviados a fin de prepararlo para lo que Dios estaba a punto de pedirle. Todo en el cielo y la tierra había sido convocado y estaba a su disposición. Lo único que le quedaba a Isaías era aceptar o rechazar la misión. "Después oí la voz del Señor, que decía: ¿A quién enviaré, y quién irá por nosotros? Entonces respondí yo: Heme aquí, envíame a mí" (Isaías 6:8).

Use su imaginación para visualizar tal escena en los lugares celestiales cada vez que un hijo de Dios recibe una nueva misión.

Todos los materiales cósmicos y los misterios del universo en el cielo y la tierra están a su disposición. Usted está calificado por medio de la purificación y la bendición divina para la misión que se le ha encomendado. Sin embargo, es su decisión decir simplemente: "Heme aquí, envíame a mí".

6. Las misiones están orientadas al éxito.

Dios no le da una misión para que fracase. Dios garantiza el éxito, según Él lo define, para cada tarea que le asigna. El éxito es la suma de pequeños esfuerzos realizados repetidamente día tras día. El éxito no es un único logro mayor, sino la suma total de muchas acciones realizadas y decisiones sabias tomadas constantemente a lo largo del tiempo, que es lo que llamamos un hábito. Como declaró el antiguo primer ministro del Reino Unido, Benjamín Disraeli: "El secreto del éxito es la constancia en el propósito".[9] La determinación de hoy conduce al éxito de mañana.

> Nunca se apartará de tu boca este libro de la ley,
> sino que de día y de noche meditarás en él, para que
> guardes y hagas conforme a todo lo que en él está
> escrito; porque entonces harás prosperar tu camino,
> y todo te saldrá bien.
> —JOSUÉ 1:8

7. Las misiones se enfocan en los demás.

¿Ha escuchado acerca de la idea de que el aleteo de las alas de una mariposa en California afecta a la corriente del viento en Calcuta? De esta misma manera su misión de vida tiene un impacto en el mundo en general. Cumplirla lo convierte en un contribuyente significativo al desarrollo del plan de Dios para la humanidad.

Durante la guerra de Vietnam, el avión del piloto de la armada estadounidense Charles Plumb fue alcanzado por un misil tierra aire. Plumb fue eyectado a tiempo, lanzado en paracaídas a tierra y luego capturado. Durante casi seis años vivió como un prisionero de guerra.

Años después de regresar a casa, Plumb y su esposa estaban comiendo en un restaurante. Un hombre en otra mesa lo reconoció como el piloto que estaba en el portaaviones Kitty Hawk y que había sido derribado. Incluso recordó el nombre de Plumb.

Plumb le preguntó cómo sabía que era él.

El hombre le respondió: "Yo fui quien preparó tu paracaídas".

Plumb se sorprendió y se sintió lleno de gratitud. El hombre estrechó su mano y dijo: "¡Supongo que funcionó!". Plumb le aseguró que sí, o de lo contrario no habría estado allí hablando con él.

Esa noche Plumb se quedó despierto pensando en este hombre. Trató de recordar cómo podría haber lucido con su uniforme de la Marina y se preguntó si lo habría visto en el portaaviones. En realidad, Plumb se preguntaba si alguna vez lo habría saludado o si le habría preguntado cómo estaba, recordando la orgullosa distancia entre un piloto de combate y un marinero.

Mientras Plumb reflexionaba en las horas que el marinero había pasado en el corazón del barco, doblando cuidadosamente cada paracaídas, pensó en cómo ese marinero tenía en sus manos la vida de todos aquellos pilotos que nunca conoció.[10]

¿Quién ha preparado su paracaídas? ¿O de quién es el paracaídas que usted está preparando? Cada persona de éxito tiene a alguien que trabaja entre bastidores, proporcionándole lo que necesita para sobrevivir el día. Este es el poder de la relación. ¿Quién se está encargando en su vida de que tenga un para-caídas bien embalado? ¿Y cómo está usted usando su vida para ayudar a otros?

8. Las misiones requieren fortaleza.

En su libro más vendido del año 2014, *13 cosas que las personas mentalmente fuertes no hacen,* Amy Morin describe comporta-mientos que usted no debería practicar si quiere "recuperar su propio poder, aceptar el cambio, enfrentar sus miedos y entrenar a su cerebro para la felicidad y el éxito".[11] Estos rasgos son esen-ciales a fin de desarrollar la determinación que necesita para ocuparse de su misión hasta que la cumpla.[12] Amy menciona estos aspectos sobre las personas mentalmente fuertes:

- No pierden el tiempo sintiendo lástima de sí mismos.

- No entregan su poder.

- No rehúyen el cambio.

- No se enfocan en cosas que no pueden controlar.

- No se preocupan por complacer a todos.

- No temen asumir riesgos calculados.

- No se detienen en el pasado.

- No cometen los mismos errores una y otra vez.

- No les molesta el éxito de los demás.

- No se rinden después del primer fracaso.

- No les da miedo pasar tiempo a solas.

- No sienten que el mundo les debe algo.
- No esperan resultados inmediatos.

Como dicen las Escrituras, usted puede plantar o puede regar, pero luego confíe en Dios con el crecimiento (1 Corintios 3:6-9).

Morin dice que la fuerza mental tiene que ver con "mejorar su capacidad para regular sus emociones, manejar sus pensamientos y comportarse de manera positiva a pesar de sus circunstancias".[13] Para hacer esto bien, Morin explica que usted debe (1) reconocer los pensamientos irracionales y sustituirlos por pensamientos realistas; (2) actuar positivamente a pesar de la situación; y (3) ejercer control sobre sus sentimientos para que no lo controlen a usted.[14] La resistencia mental y la fortaleza son claves esenciales para el éxito.

Usted no puede darse por vencido cuando las cosas van mal. Debe fortificar su mente. Recuerde, el enemigo atacó mentalmente a Jesús cuando fue llevado al desierto por cuarenta días (Mateo 4:1-11), y también lo atacará a usted. Sin embargo, Jesús venció y usted también puede hacerlo, ya que tiene la mente de Cristo: "La actitud de ustedes debe ser como la de Cristo Jesús" (Filipenses 2:5).

9. Las misiones requieren enfoque.

Si se preocupa por lo que los demás piensan de usted, se convertirá en un esclavo de sus pensamientos y expectativas. No obstante, si le importa lo que Dios piensa de usted, será liberado para cumplir con su propósito, maximizar su potencial y tener éxito en el proceso. Escuche las palabras del apóstol Pedro, que aconsejaba: "Dispónganse para actuar con inteligencia; tengan dominio propio; pongan su esperanza completamente en la gracia que se les dará cuando se revele Jesucristo" (1 Pedro 1:13, NVI). Enfóquese en lo que Dios dice acerca de quién es usted y lo que Él tiene para su vida: "Porque yo sé los pensamientos que tengo acerca de vosotros, dice Jehová, pensamientos de paz, y no de mal, para daros el fin que esperáis" (Jeremías 29:11).

10. Las misiones requieren compromiso.

Todos estamos comprometidos con algo, aunque solo sea a medias. Sin embargo, el compromiso del cincuenta por ciento no es lo mismo que el compromiso del cien por ciento. Usted debe estar responsabilizado por completo.

Una vez que conozca su misión, debe romper los compromisos con todo lo demás que no lo conduzca a cumplirla, de modo que enfoque toda su energía en lo principal. No se canse en actividades infructuosas solo para descubrir que cuando llega el momento de hacer su tarea, está agotado o exhausto. En vez de eso, debe ser firme, fiel y diligente. Tanto su nivel de compromiso como la misión que se compromete a llevar a cabo dictan la resistencia que tendrá para seguir adelante. Nunca se rinda hasta que su misión esté cumplida.

11. Las misiones requieren sensibilidad al Espíritu Santo.

Observe la vida de Pablo, un hombre de tal propósito y visión que evangelizó a toda una región del mundo y escribió la mayor parte del Nuevo Testamento, y eso fue antes de que hubiera computadoras portátiles o Internet, y mucho menos vehículos. ¿Cuál fue la clave para su éxito además de la fortaleza, el enfoque y el compromiso? Él continuamente era guiado por el Espíritu Santo. "Y se le mostró a Pablo una visión de noche: un varón macedonio estaba en pie, rogándole y diciendo: Pasa a Macedonia y ayúdanos. Cuando vio la visión, en seguida procuramos partir para Macedonia" (Hechos 16:9-10).

También leemos en la primera carta de Pablo a los corintios que él instruía: "Cada uno debe vivir conforme a la condición que el Señor le asignó y a la cual Dios lo ha llamado" (1 Corintios 7:17, NVI).

12. Las misiones requieren fe.

La fe es el fundamento de su relación con Dios. Sin confiar en Él, no sentirá el impulso de creer en su Palabra con respecto a su llamado para su vida. No confiará en Él en lo que respecta al resultado. Por lo tanto, no tendrá ninguna razón real para hacer lo que Dios le dice. No creerá de todo corazón en quién afirma la Biblia que Él es. La omnipotencia, omnipresencia y omnisciencia de Dios se verán desafiadas por su desconfianza. En cambio, debe creer que sus pensamientos y caminos son más altos que los suyos (Isaías 55:9), que Él conoce el principio desde el fin (Isaías 46:10), y que su bondad amorosa con usted es eterna (Salmos 136).

La confianza es también el precedente para agradar a Dios e invocar su favor y gracia en su vida. Es el factor que impulsa a ser capaz de someterse a Él a fin de recibir la corrección y guía que usted necesita para cumplir exitosamente su misión. "Fíate de Jehová de todo tu corazón, y no te apoyes en tu propia prudencia. Reconócelo en todos tus caminos, y él enderezará tus veredas" (Proverbios 3:5-6).

13. Sus misiones están interrelacionadas con las de otros.

A lo largo de la Biblia vemos que la misión de una persona se entretejió con la misión de otra. Rut era una sirvienta, una inmigrante que trabajaba para Booz a tiempo parcial. Al cumplir con su tarea diaria, llamó la atención de Booz. Finalmente se casó con él y ambos se convirtieron en los antepasados de dos de los reyes más poderosos del antiguo Israel, Saúl y David, así como también de nuestro Salvador Jesucristo.

La misión de Sara estaba interrelacionada con la de Abraham. Jonatán, aunque era hijo del rey Saúl, estaba asociado con David, el sucesor de su padre. La misión de Rahab les permitió a los espías de Israel cumplir con su comisión.

De estos ejemplos podemos ver cómo "todo el cuerpo, bien concertado y unido entre sí por todas las coyunturas que se ayudan mutuamente, según la actividad propia de cada miembro, recibe su crecimiento para ir edificándose en amor" (Efesios 4:16).

14. Las misiones están orientadas a los problemas.

Como se ha dicho a menudo: "Los problemas importantes que tenemos no se pueden resolver con el mismo nivel de pensamiento con el que los creamos". Es fácil para nosotros mirar la magnitud de los problemas mundiales y esperar a que alguien más encuentre la solución. A pesar de lo abrumadores que estos sean, en palabras de Marie Curie: "No debemos temerle a ninguna cosa en la vida, solo debemos entenderla".[15] Solo tenemos que orar y reflexionar sobre un problema el tiempo suficiente para que Dios revele la solución, porque como se ha dicho, "ningún problema puede soportar el asalto del pensamiento sostenido".

Ante la dimensión de los problemas del mundo, nos resultaría fácil esperar a que otras personas los solucionen. Sin embargo, por muy angustiosos que sean muchos de estos problemas, usted solo tiene que orar y reflexionar en un problema el tiempo suficiente para que Dios le revele la solución… o al menos, su parte en la solución.

A usted se le asigna una misión porque hay un problema. La nación de Ester fue amenazada con una limpieza étnica, y Dios la seleccionó para resolverlo. Usted es un solucionador de problemas. Si examina la Biblia, descubrirá que todos los grandes líderes resolvieron problemas. José resolvió el problema del Faraón. Moisés resolvió el problema de la esclavitud de Israel. Gedeón y David resolvieron un problema de terrorismo. Jacob resolvió un problema corporativo y llevó a una empresa nueva al proverbial estatus de Fortune 500. Rahab resolvió el problema de los espías. Jesús resolvió el problema del pecado.

Usted es necesario para resolver un problema. Cuando no hay problemas, deja de ser necesario. El problema le da un propósito y la misión requerida para resolverlo. Sin el problema, deja de caminar en el favor y la gracia que Dios le da para dedicarse a ello.

> Ambas cosas provienen de la firme esperanza puesta en lo que Dios les ha reservado en el cielo. Ustedes han tenido esa esperanza desde la primera vez que escucharon la verdad de la Buena Noticia. Entonces la forma en que vivan siempre honrará y agradará al Señor, y sus vidas producirán toda clase de buenos frutos. Mientras tanto, irán creciendo a medida que

aprendan a conocer a Dios más y más. También pedimos que se fortalezcan con todo el glorioso poder de Dios para que tengan toda la constancia y la paciencia que necesitan. Mi deseo es que estén llenos de alegría y den siempre gracias al Padre. Él los hizo aptos para que participen de la herencia que pertenece a su pueblo, el cual vive en la luz.

—COLOSENSES 1:5, 10-12, NTV

· · ·

CAPÍTULO 8

Practique el arte de la abundancia

La ley de la abundancia

Dijo Dios: Produzcan las aguas seres vivientes, y aves que vuelen sobre la tierra, en la abierta expansión de los cielos. Y creó Dios los grandes monstruos marinos, y todo ser viviente que se mueve, que las aguas produjeron según su género, y toda ave alada según su especie. Y vio Dios que era bueno. Y Dios los bendijo, diciendo: Fructificad y multiplicaos, y llenad las aguas en los mares, y multiplíquense las aves en la tierra. Y fue la tarde y la mañana el día quinto.
—Génesis 1:20-23

El relato de Génesis sobre la creación revela que antes de que Dios hiciera a cada criatura, creó un medio ambiente sustentador en el cual esa criatura pudiera prosperar y sobrevivir. Cada uno era un ambiente abundante, preparado con cuidado para aquellos que vivirían en él.

En el primer día Dios creó la luz, y en el cuarto día creó a los dadores de luz en la forma del sol y la luna, a fin de irradiar la luz y regular el día y la noche. En el segundo día, creó las aguas abajo y los cielos arriba. Luego, en el quinto día, pobló las aguas con criaturas marinas y los cielos con pájaros de todo tipo. La tierra seca y su vegetación fueron creadas en el tercer día, y al sexto día Dios la pobló con animales y vida humana, colocando a estas criaturas vivientes en un medio ambiente ya preparado con frutas, vegetales y plantas.

Todas estas plantas eran portadoras de semillas para que pudieran reproducirse según su propia especie. Dios sostiene lo que crea. ¿Qué significa esto para usted? Significa que nunca tiene que preocuparse por si tendrá suficientes recursos. Usted sirve a un Dios que es el guardián de lo que crea y que se especializa en la abundancia.

El primer capítulo del Génesis está repleto de los actos de un Dios rico en provisiones. Para todos los que quieran entender a Dios no solo como Creador, sino también como Proveedor y Sustentador, es esencial meditar en este primer capítulo de Génesis. Usted sirve a un Dios que se deleita en suplir todas sus necesidades en Cristo Jesús (Filipenses 4:19).

> ¿Y por qué se preocupan por la ropa? Observen cómo crecen los lirios del campo. No trabajan ni hilan; sin embargo, les digo que ni siquiera Salomón, con todo su esplendor, se vestía como uno de ellos. Si así viste Dios a la hierba que hoy está en el campo y mañana es arrojada al horno, ¿no hará mucho más por ustedes, gente de poca fe? Así que no se preocupen diciendo: "¿Qué comeremos?" o

"¿Qué beberemos?" o "¿Con qué nos vestiremos?"
Los paganos andan tras todas estas cosas, pero el
Padre celestial sabe que ustedes las necesitan.

—Mateo 6:28-32, nvi

En su libro *Thou Shall Prosper* [Prosperarás], el rabino Daniel
Lapin comparte el significado del servicio judío de *Havdalah*
que se recita el sábado por la noche, cuando el Sabbat termina
y las familias se preparan para comenzar la nueva semana. El
Havdalah conmemora la separación de lo divino y lo mundano
y del Sabbat de la semana de trabajo, pero también enfatiza
la importancia de recordar la santidad del Sabbat durante los
otros seis días de la semana.[1]

Como señala el rabino Lapin, el *Havdalah* resalta las manos,
pidiendo la bendición de cualquier trabajo, tarea o deber que
esas manos estén acostumbradas a realizar. El *Havdalah* se recita
sobre una copa en la que se vierte el vino hasta que se desborda
en su platillo. Una oración se eleva, en la que se le pide a Dios
que aumente la descendencia y la riqueza de la familia.

Según el rabino Lapin, primero se llena su propia copa. El
desbordamiento simboliza tener suficiente para motivar a los
demás. El rabino Lapin explica:

> Este vaso desbordante simboliza la intención de
> producir durante la semana venidera no solo lo sufi-
> ciente a fin de llenar el vaso, sino también un exceso
> que permitirá el desbordamiento para el beneficio de
> los demás. En otras palabras, estoy obligado a llenar
> primero mi copa y luego seguir derramando, por así
> decirlo, de modo que tenga suficiente para regalar a los

demás, ayudando así a poner en marcha sus propios esfuerzos. El judaísmo considera que atender su propia viña no es una vergüenza, sino una obligación moral.[2]

El concepto de vivir con un desbordamiento resulta importante, porque esta abundancia solo puede venir de un reconocimiento de nuestra capacidad para producir más de lo que necesitamos. La abundancia está accesible para todos. No deje de reconocer que la abundancia se halla a nuestro alrededor y tenemos la capacidad de participar plenamente en ella.

La narrativa más común hoy en día equipara el hecho de tener más que suficiente con ser egoísta. Junto con eso fluye un trasfondo de frustración por tener que dar a pesar de nuestras carencias. Esto viene de una mentalidad de escasez que cree que no hay mucho y no hay más. Tal mentalidad confunde las limitaciones del mundo finito con la abundancia de las posibilidades disponibles a través del reino infinito y eterno de Dios.

La cultura y los medios de comunicación modernos transmiten el mensaje de que ciertos recursos son limitados: solo tenemos una cantidad restringida de petróleo, una cantidad restringida de aire y una cantidad restringida de dinero que podemos ganar. Los ricos pueden disfrutar de lujos, pero no hay suficiente para el resto de nosotros. Este pensamiento implica que no hay tanta riqueza en el mundo, por lo que el noventa y nueve por ciento debe oponerse al uno por ciento y exigir que les devuelvan su parte pagando impuestos más altos y financiando programas para ayudar a todos aquellos que no pueden ayudarse a sí mismos.

Al escuchar esto una y otra vez, hemos aceptado el mensaje subconsciente de que estamos jugando a un juego de suma cero:

que por cada fracción adicional del pastel que una persona recibe, otra debe recibir una fracción menos. Aquellos con esta mentalidad piensan que mientras más riqueza acumula una persona, menos hay para todos los demás. De acuerdo con esta mentalidad, Bill Gates podría ser visto como el responsable directo del creciente problema de pobreza en el mundo. Si tan solo renunciara a más de sus miles de millones, los habitantes de los países en desarrollo tendrían menos probabilidades de morir de hambre. Sin embargo, Bill y Melinda Gates han donado generosamente a través de la Fundación Bill y Melinda Gates, y los pobres siguen muriendo de hambre. Claramente, que los multimillonarios regalen miles de millones no es la respuesta.

Los gobiernos, las ONG y las personas adineradas han estado invirtiendo dinero en los problemas relacionados con la pobreza y el hambre durante décadas. Si la solución fuera más dinero, no seguiríamos teniendo hambre en el mundo. El problema no es la falta de dinero, sino otra cosa. Esta es la razón por la que la fundación que Bill Gates constituyó está activamente involucrada en la búsqueda de formas alternativas de abordar problemas apremiantes en el mundo, los cuales el dinero por sí solo no puede resolver. La Fundación International Trimm también lo está haciendo.[3]

RECHACE LA MENTALIDAD DE SUMA CERO

El pensamiento de suma cero asume que tenemos opciones limitadas, que precisamos perder algo como tiempo, dinero o esfuerzo a cambio de lo que necesitamos. Cuando nos rendimos, perdemos, y entonces alguien más se beneficia. Todo es básicamente una propuesta de ganar o perder. Sin embargo, esto no es así. Dios ha integrado abundancia y riqueza en el ADN de su creación.

Permítame darle un ejemplo. Supongamos que necesita comestibles, pero la tienda más cercana a su casa es más cara de lo que le gusta. Usted podría quejarse y pagar los precios o conducir más lejos para comprar en otro lugar. Sin embargo, si esas son las únicas dos opciones que cree que tiene, está pensando en la suma cero. La verdad es que usted tiene mucho más que dos opciones, pero necesita hacer uso de su imaginación para averiguar cuáles son. Esa es la línea que la mayoría de la gente nunca intenta cruzar.

Cruzar esa línea podría significar pedirle sus comestibles a un mayorista en línea y que se los entreguen. O puede elegir comer menos o simplificar su dieta. Tal vez una opción podría ser encontrar una parcela de tierra en la que cultivar sus propios vegetales. Si fuera realmente emprendedor, podría abrir su propia tienda. Solo está limitado por su falta de imaginación.

No obstante, en tales situaciones, la mayoría de las personas eligen quejarse en lugar de crear. No ven sus opciones, porque han aceptado el pensamiento de suma cero que la sociedad les predica. Por supuesto, para entender esto debe aprender a pensar creativamente, de manera original. Tiene que pensar como una persona con abundancia en lugar de como una persona que apenas tiene suficiente. El mundo real no es tan limitado como la mayoría de nosotros suponemos. Cuando una persona en una comunidad gana dinero, pensamos que otra debe haberse empobrecido. Sin embargo, eso no es realmente lo que sucede. Más bien, el comprador recibe un beneficio mientras que el vendedor recibe dinero para usarlo a fin de obtener un beneficio de otra persona. A medida que alguien gana más dinero, esa persona tiene más dinero para gastar. Incluso las transacciones básicas no son intercambios de suma cero, porque el dinero se cambia por algo de valor. Las personas ganan más dinero porque dan más valor. Gastar dinero constituye un intercambio de valor.

Si usted compra un refrigerador en una tienda de electro-domésticos local para que sus alimentos permanezcan frescos durante más tiempo y desperdicie menos, ahorrará dinero a largo plazo. El comerciante de refrigeradores gana dinero y lo usa para mantenerse en funcionamiento, creando empleos que le permiten a la gente pagar por los bienes y servicios que otros proveen y que benefician a la comunidad, incluyéndolo a usted. Ese comerciante también paga impuestos (como usted) para que las calles sean reparadas, la policía y los bomberos estén mejor equipados y se proporcionen muchos otros servicios públicos. Cada transacción es un intercambio de valor.

Desarrolle una mentalidad de abundancia que diga que su copa está desbordando (Salmos 23:5). Piense en esto. Cuando alguien gasta cinco dólares en un comercio local, ¿ha aumentado la economía local solo en cinco dólares? ¡No! Debido al impacto indirecto e inducido del dinero gastado, el efecto en la economía local es mayor que el impacto directo de esos cinco dólares.[4]

¿Cómo es posible que esto suceda? El comerciante inicial ganó cinco dólares y luego los gastó en la cafetería local, cuyo dueño compra granos de café a un mayorista local, que gasta ese dinero en comestibles. El dueño de la tienda de comestibles luego usa la ganancia como parte del pago a su arrendador, quien compra flores para su esposa en la floristería local. Si esos mismos cinco dólares se intercambian solo diez veces dentro de la comunidad, se crean cincuenta dólares en valor. Si ese billete de cinco dólares se intercambiara cien veces, entonces crearía quinientos dólares en valor para la comunidad. Por eso, cuando la economía es mala, los gobiernos hacen lo que pueden para lograr que las personas gasten. Mientras más cambia de manos el dinero, más prospera una comunidad. El comercio hace bullir la economía.

Aunque la diferencia entre la ganancia neta del comerciante y la de sus vecinos puede aumentar un poco, todos en la comunidad poseen más dinero que antes y tienen un mejor nivel de vida debido a que el negocio del comerciante es exitoso.

Por supuesto, la gente puede ser codiciosa, los funcionarios locales pueden abusar de su poder, y los comerciantes pueden cobrar demasiado por sus bienes o servicios. Los que están en el poder y tienen más dinero pueden aprovecharse de los que tienen menos. Sin embargo, eso se debe a la ética, el egoísmo, la estupidez y la falta de autoliderazgo de aquellos que sufren de una mentalidad de suma cero, no a la cantidad de dinero en juego.

El dinero es un tipo de moneda, no el tipo de conductor. El dinero es simplemente un medio para alcanzar un fin, no el fin en sí mismo. Es una herramienta para intercambiar valor o crear valor. El problema que nos mantiene alejados de nuestros sueños no es cuánto dinero tenemos, sino cuánta riqueza podemos crear. Mientras más riqueza y valor creemos, más otros emplearán su dinero para conseguirlo. El problema rara vez es el dinero, sino más bien nuestra capacidad de crear riqueza.

El pensamiento de suma cero revela la idea errónea fundamental de que el dinero y la riqueza son la misma cosa; que mientras más dinero usted tenga, más rico será. La verdad es que mientras más rico sea, menos dinero necesitará, aunque es probable que atraiga más dinero. Para dominar el arte de la abundancia, usted debe optar por no participar en el juego de suma cero, obteniendo una comprensión precisa de la verdadera riqueza.

RIQUEZA VERDADERA

Aunque existe una correlación entre cuánto dinero tiene y cuánta riqueza posee, lo contrario *no* es cierto: mientras menos dinero tiene, menos rico es. La riqueza y el dinero son diferentes. El dinero es una representación física del valor, un medio de intercambio para simplificar el comercio, así que no tenemos que comerciar colinabos o cabras por bienes y servicios. La riqueza, por otro lado, es espiritual y etérea. En su esencia, la riqueza es simplemente la *capacidad*. La riqueza viene del reino interno, espiritual; el dinero es exterior y físico. El dinero puede representar a la riqueza, pero no constituye lo que la riqueza realmente es.

Como dice el refrán: "El dinero no puede comprar el amor". Sin embargo, la riqueza de nuestra alma conectando con la riqueza de otra hace posible el amor. Todo el dinero del mundo no puede comprarle una familia feliz y saludable. No obstante, lo que usted aporta a su familia y crean juntos es uno de los tipos más profundos de riqueza que existen en nuestro planeta. El dinero no proporciona pericia médica, pero la riqueza de la experiencia de los médicos y su capacidad para aplicar su riqueza de sabiduría en la medicina puede traer sanidad a los pacientes.

¿Tiene un problema que necesita resolver? El dinero puede contratar a alguien para que lo ayude a resolverlo, pero la riqueza de conocimientos que esa persona posee es lo que realmente resuelve el problema. Si la persona que usted contrató se hubiera enfrentado a su problema, no se necesitaría dinero, porque esa persona podría haber aplicado su riqueza de sabiduría, habilidad y experiencia para resolverlo.

Riqueza significa que puede hacer cualquier cosa que quiera hacer. Si tiene algo de dinero, usualmente puede encontrar una manera de convertirlo en riqueza, de convertirlo en un conocimiento, una pericia o una experiencia que le darán la habilidad de intercambiar valor por lo que quiere hacer o crear. La mente es lo que contiene y crea la riqueza. Puede usar su propia mente, que es gratis, o contratar la de otra persona. O puede crear relaciones mutuamente beneficiosas en las que se intercambien ideas para la creación de riqueza. En realidad, la verdadera riqueza se produce generalmente en las relaciones creadas a través del trabajo en equipo, la amistad o la consanguinidad. Las empresas a menudo se consideran a sí mismas como familias, porque las buenas relaciones multiplican la riqueza.

He oído decir que la única diferencia real entre una persona rica, una persona de clase media y una persona pobre es la forma en que cada una percibe el mundo que le rodea. Como un elefante convencido de que un trozo de cuerda puede atar su pata a una estaca en el suelo, usted puede ser condicionado por fuerzas externas a creer que nunca escapará de la forma en que está viviendo. Los pobres que piensan como pobres tienden a seguir siendo pobres. Los pobres que aprenden a pensar como los ricos tienden a hacerse ricos. Aunque no sea un proceso fácil, es así de simple. La respuesta no es más dinero, sino usar su mente para cultivar más riqueza. Dios le da el poder de crear riqueza (Deuteronomio 8:18).

Si quiere ser rico, debe averiguar cómo reconocer y

aprovechar la riqueza que tiene o cómo ganar riqueza adicional a través del aprendizaje y el desarrollo de nuevas habilidades. Dios no está en contra de que sea rico o adinerado. En realidad, Pablo instruye a su protegido ministerial Timoteo sobre esto.

> A los ricos de este siglo manda que no sean altivos, ni pongan la esperanza en las riquezas, las cuales son inciertas, sino en el Dios vivo, que nos da todas las cosas en abundancia para que las disfrutemos. Que hagan bien, que sean ricos en buenas obras, dadivosos, generosos; atesorando para sí buen fundamento para lo por venir, que echen mano de la vida eterna.
>
> —1 TIMOTEO 6:17-19

El dinero en el banco es maravilloso y tenerlo le da opciones. No obstante, si sabe cómo aprovechar el poder de la riqueza que tiene para aumentar su propia capacidad personal de crear valor, se convertirá en una luz en el mundo de las tinieblas y un instrumento en la mano de Dios a fin de hacer de este mundo un lugar mejor.

La conclusión es que la mayoría de nosotros somos mucho más ricos de lo que pensamos, y tenemos el potencial de crear mucha más riqueza de la que jamás imaginamos. Si usted tuviera más, podría hacer más. Sin embargo, no haga que la búsqueda de la riqueza sea una prioridad mayor que la búsqueda del reino, porque ahí es donde reside el verdadero tesoro.

> Mas buscad primeramente el reino de Dios y su
> justicia, y todas estas cosas os serán añadidas.
> —Mateo 6:33

LA LEY DE LA ABUNDANCIA

Si usted va a ayudar a otros, debe reconocer que es inherentemente rico y vive en un mundo abundante. Dos personas que se ahogan no pueden ayudarse mutuamente a menos que una de ellas se esté sosteniendo de algo estable. Dos personas que caminan por el desierto con solo el agua necesaria para una no van a llegar al otro lado. Solo la persona con lo suficiente para sí misma y lo suficiente para el otro tendrá la oportunidad de llevar a ambos a un lugar seguro.

¿Quién va a escuchar a un pobre hablar de cómo salir de la pobreza? Es difícil sacar a alguien de una zanja hasta que uno mismo no ha salido de ella. La única otra manera de salir es que una persona se pare encima de otra, pero entonces ninguna de las dos estará mejor. Creer que convertirse en un felpudo es ser un líder servidor no ayuda a nadie. Usted debe modelar el autodominio que quiere ver en los demás. Para convertirse en un ejemplo, primero debe cambiarse a sí mismo.

Si no se siente motivado a vivir abundantemente construyendo la riqueza de su propia capacidad personal por su propio bien, entonces hágalo por aquellos a quienes amas o como un servicio a los demás. Lee Kuan Yew, el talentoso primer ministro de Singapur de 1959 a 1990, describió este principio como un componente clave para ayudarlo a llevar a Singapur de ser una isla del tercer mundo dependiente de sus colonizadores británicos a convertirse en una de las economías más vibrantes del primer mundo.

Hay un pequeño aforismo chino que resume esta idea: *Xiushen qijia zhiguo pingtianxia*. *Xiushen* significa cuidarse, cultivarse, hacer todo lo posible para ser útil; *Qijia*, cuidar de la familia; *Zhiguo*, cuidar de su país; *Pingtianxia*, todo está en paz bajo el cielo [...] Este es el concepto básico de nuestra civilización. Los gobiernos vendrán, los gobiernos se irán, pero esto perdura.[5]

Solo puede llevar a los demás a la abundancia cuando usted mismo ha recorrido el sendero hasta allí. Solo se puede dar mucho cuando se tiene mucho para dar.

Hoy en día en Occidente nos enfocamos en los derechos individuales y nos convertimos en lo mejor que cada uno de nosotros puede ser. Sin embargo, nos perdemos algo muy fundamental cuando fallamos en reconocer tanto nuestra necesidad de los demás como la contribución que podemos hacer a la salud de nuestras comunidades como un todo. Nuestras libertades individuales no tienen por qué estar reñidas con nuestras responsabilidades personales con nuestras comunidades. Exigir el derecho a disfrutar de la vida como mejor nos parezca tiene como resultado que no reconozcamos el impacto que nuestro "éxito" indulgente tiene en la vida de los demás. Perseguimos ese "éxito" con el fin de poder consumir, y luego nos quejamos de que no tenemos suficiente. En vez de eso, debemos trabajar para llenar nuestras copas de modo que experimentemos un desbordamiento para darles a los demás. Entonces reconoceremos que el mundo está lleno de posibilidades ilimitadas para que todos ganen, y elevaremos el nivel de abundancia para todos.

Si quiere tener un impacto real en el mundo, debe hacerlo demostrando responsabilidad, integridad y competencia. Recuerde las lecciones del *Havdalah*: tenga una mentalidad de posibilidades abundantes en todo lo que lleve a cabo con sus manos. Reconozca que solo cuando usted tiene más de lo que necesita puede ayudar a otros a conectarse a la abundancia que ellos precisan. Nunca deje de mejorarse a sí mismo para tener cada vez más para dar. Es solo entonces que será verdaderamente rico y poderoso, con la abundancia divina que le da el poder para dejar su marca en la historia.

Declare la abundancia sobre su vida. Declare que no habrá más carencias o limitaciones, sino abundancia y opciones. Declare que usted tiene:

- salud abundante
- riqueza abundante
- gozo abundante
- paz abundante
- relaciones abundantes
- sabiduría abundante
- amor abundante
- fe abundante

Declare con audacia:

- Hay un lugar para mí entre los grandes y poderosos.

- Declaro abundancia sobre mi vida,
  pensamientos, ideas, hogar, familia, cónyuge,
  hijos, trabajo, ministerio, negocios, proyectos,
  productos, bienes y servicios.

- Declaro abundancia sobre mis escuelas locales, gobierno, vecindario, iglesia, comunidad y
  nación.

- Prospero en un ambiente que es propicio para
  la persona que Dios tenía la intención que fuera
  cuando me creó y para aquello que tenía en
  mente que yo lograra, cumpliera y llegara a ser.

Dios aprovisionó abundantemente los medios ambientes que creó en el primer capítulo de Génesis. ¡Él puso en movimiento la ley de la abundancia para que usted también pueda producir abundantemente, siendo fructífero y multiplicándose!

Y a Aquel que es poderoso para hacer todas
las cosas mucho más abundantemente de
lo que pedimos o entendemos, según el
poder que actúa en nosotros, a él sea gloria
en la iglesia en Cristo Jesús por todas las
edades, por los siglos de los siglos. Amén.
—Efesios 3:20-21

- - -

CAPÍTULO 9

Desarrolle una mentalidad de dominio

LA LEY DE LA GRANDEZA

Entonces dijo Dios: Hagamos al hombre a
nuestra imagen, conforme a nuestra semejanza;
y señoree [...] sobre la tierra. Y creó Dios al
hombre a su imagen, a imagen de Dios lo creó;
varón y hembra los creó. Y los bendijo Dios, y
les dijo: Fructificad y multiplicaos; llenad la
tierra, y sojuzgadla, y señoread en los peces
del mar, en las aves de los cielos, y en todas
las bestias que se mueven sobre la tierra.
—GÉNESIS 1:26-28

"RECORDAREMOS ESE TIRO por siempre". Esas fueron las
palabras de la locutora del juego después de que Lauren
Hill, de diecinueve años de edad, hiciera su canasta de dos
puntos con la mano izquierda para el equipo local de Mount
St. Joseph frente a una multitud de diez mil personas en el
Centro Cintas de la Universidad Xavier de Cincinnati.[1] ¿Qué
jugadora de baloncesto universitaria no estaría encantada de

sentir el retumbar del suelo de madera, de escuchar su nombre en el altavoz, y de ver a la gente de pie aplaudiendo entusiasmada su arduo trabajo y determinación? Era un sueño hecho realidad. La historia es aún más notable cuando uno se entera de que no fueron solo el equipo local y sus seguidores los que animaron a Hill, sino todo el estadio, incluidos los árbitros y el equipo contrario.

Hill se enamoró del baloncesto en sexto grado, pero poco antes de graduarse de la escuela secundaria y dirigirse a cumplir su sueño de jugar en la universidad le diagnosticaron un tipo raro de cáncer cerebral terminal. Sus padres recuerdan que le preguntó al médico: "¿Al menos puedo seguir jugando al baloncesto?".[2]

No sería fácil, pero hacer lo fácil nunca fue el estilo de Hill. Tuvo que aprender a disparar con la mano izquierda, porque el cáncer había debilitado su lado derecho. Dejó a un lado sus síntomas y aun así se levantó a las 5:30 a. m. para practicar baloncesto, a pesar de que no siempre podía hacer los ejercicios.[3] Ella haría su parte a fin de estar lista si vivía lo suficiente para jugar en la NCAA.

Su vida se volvió muy enfocada, viviendo el momento y haciendo lo que amaba. "Esto no es algo que siempre haya hecho", explicó. "Es casi como si hubieras estado durmiendo toda su vida y alguien dijera: 'Oye, despierta'". Cualquier tiempo libre que tenía lo dedicaba a servir a sus seres queridos. Ella me confió: "No sabía para qué [Dios] me había enviado aquí. Quería saber para qué me envió aquí". Así que le dijo: "Sin importar con qué propósito me hayas enviado aquí, estoy lista para cumplirlo".[4] Hill se convirtió en la voz de todos los demás niños que luchan contra formas raras de cáncer, dando entrevistas a nivel local y nacional, y lanzando una organización sin fines de lucro con el fin de recaudar dinero para la investigación.

El equipo de los Hiram Terriers fueron los primeros oponentes en el calendario y desempeñaron un gran papel en la realización del sueño de Hill. Cuando escucharon su historia, sugirieron adelantar el partido dos semanas e incluso se ofrecieron a renunciar a su ventaja de jugar en la cancha local para que ella pudiera hacerlo frente a su familia y amigos. La NCAA hizo una excepción a las reglas y permitió el ajuste en el programa, y se vendieron diez mil boletos… en una hora.[5]

El equipo de Hill convirtió a un rival en una gran familia al invitar a los Terriers a cenar la noche antes del gran partido. Los jóvenes se rieron, compartieron historias y se despidieron abrazándose unos a otros. Seguían siendo competidores, pero tenían más espacio en sus corazones.

Esas nuevas conexiones también se hicieron evidentes en la cancha. Cuando Hill ejecutó este primer tiro, todo se detuvo mientras todos compartían su gloria. Uno de los jugadores de los Hiram Terriers le reveló a un reportero que había sido la "sensación más feliz que he sentido con respecto a un oponente anotando". Cuando uno de los Terriers más tarde hizo un tiro de tres puntos a través de la canasta, escuchó a un jugador de Mount decir: "Gran tiro… me alegro de que lo hicieras".[6]

Sin embargo, Hill no tuvo un final de cuento de hadas. En vez de eso, estableció una nueva definición para una vida vivida a plenitud que no está limitada por el número de días. Hill ha dejado este mundo, pero no sin mostrarnos que hay suficiente gloria, fama, éxito, poder, recursos y amor para todos. Usted puede hacer espacio para otra vida sin disminuir la suya. Con un poco de determinación, no tiene que permitir que ninguna situación o circunstancia limite lo que es capaz de hacer con el tiempo, la energía y los recursos que Dios le ha dado. Aunque su tiempo en la tierra no sea ilimitado, solo usted puede limitar lo que Dios es capaz de hacer a través de su vida.

Piense en cómo podría impactar las vidas de otros en los próximos meses. Tal vez ese impacto sea lo suficiente grande como para vivir más allá del tiempo asignado en la tierra e influir en las generaciones futuras. El presidente de la Universidad Mount St. Joseph, Tony Aretz, dijo acerca de Hill en una entrevista:

> Su luz continuará brillando sobre todos nosotros mientras sus seguidores en todo el mundo continúan su misión de aumentar la conciencia y encontrar una cura para el GPID. Estamos por siempre agradecidos de que Lauren haya honrado nuestro campus con su sonrisa y su espíritu decidido. Ella ha dejado un poderoso legado. Nos enseñó que cada día es una bendición; cada momento un regalo.[7]

Muchas personas viven vidas restringidas por una razón u otra. Pueden sufrir enfermedades debilitantes o luchar para llegar a fin de mes. Algunos viven en países que prohíben la libertad de expresión o que les impiden subir la escalera del éxito por razones de género, religión o etnia. Sin embargo, cuando sepa que su libertad no está basada en fuerzas externas, sino que viene de Jesucristo, entonces entenderá que con Dios nada es imposible.

Su grandeza no proviene de la mera habilidad, el talento o la capacidad, sino que llega cuando se atreve a vivir en la grandeza de Dios. Él es el que no tiene límites ni fronteras. Es

en Él que "vivimos, y nos movemos, y somos" (Hechos 17:28).
Podemos confiar en que Dios completará la buena obra que
ha comenzado en nuestra vida (Filipenses 1:6) si simplemente
hacemos espacio para que su grandeza obre a través de nosotros.

> Fíate de Jehová de todo tu corazón, y no te apoyes
> en tu propia prudencia. Reconócelo en todos tus
> caminos, y él enderezará tus veredas.
>
> —Proverbios 3:5-6

LA LEY DE LA GRANDEZA

La vida está llena de desafíos. Ojalá pudiera prometerle que
Dios nunca hará que enfrente dificultades, pero no puedo. Lo
que sí puedo prometerle es que Dios siempre estará con usted y
que cuando deje esta vida, vivirá con Él eternamente. Vivir por
toda la eternidad en su gloria en verdad es algo ilimitado.

La esencia de la verdadera vida en esta tierra tampoco tiene
límites, porque "él sembró la eternidad en el corazón humano"
(Eclesiastés 3:11, NTV). Él nos ha puesto en Cristo y podemos
declarar: "Todo lo puedo" (Filipenses 4:13), porque "para Dios
todo es posible" (Mateo 19:26).

Usted tiene algo grande que hacer para Dios mientras está
aquí en esta tierra. Posee su Espíritu de grandeza en su ADN.
Juan nos dice en su primera epístola: "Vosotros sois de Dios
[...] mayor es el que está en vosotros, que el que está en el
mundo" (1 Juan 4:4). Cuando Juan dice que usted es "de Dios",
quiere decir que viene de Dios. ¡Usted nació de la grandeza
de Dios! La grandeza divina está *en usted*. ¡Por lo tanto, literalmente ha sido diseñado para la grandeza! Es más grande
que sus circunstancias y más grande que cualquier obstáculo.

Además, según este versículo, Dios en usted es más grande que todas las fuerzas del enemigo.

No subestime la grandeza que habita en cada fibra de su ser. Usted es el portador de la fe que mueve montañas (Marcos 11:23, NTV), y tiene el poder de la vida y la muerte en las palabras que habla (Proverbios 18:21). Incluso tiene "potestad de hollar serpientes y escorpiones" y poder "sobre toda fuerza del enemigo" (Lucas 10:19). La Escritura afirma: "Ninguna arma forjada contra ti prosperará, y condenarás toda lengua que se levante contra ti en juicio" (Isaías 54:17). Usted tiene una vida ilimitada en Cristo. No se menosprecie a sí mismo al no vivir en la grandeza para la que Dios lo creó en Él.

En Génesis 19 leemos acerca de la destrucción de Sodoma y Gomorra y la subsiguiente decisión de Lot de establecerse en Zoar en lugar de ir a las montañas. La palabra *Tso'ar* (traducida como *Zoar*) significa "insignificancia".[8] Las montañas hablan de grandeza. ¿Por qué elegiría alguien una vida insignificante cuando Dios tiene algo más grande?

Lot se instaló en un lugar insignificante por miedo. "Lot subió de Zoar y moró en el monte, y sus dos hijas con él; porque tuvo miedo de quedarse en Zoar, y habitó en una cueva él y sus dos hijas" (Génesis 19:30). Aunque Dios envió ángeles para instar a Lot a ir a las montañas, él discutió con Dios y se negó a seguir su plan más excelente. Subió lo suficiente para evitarse problemas, pero luego decidió no gastar la energía para ir más allá de la cueva donde se instaló.

¡Nunca se conforme con menos que lo mejor de Dios! Nunca permita que el miedo a lo desconocido lo obligue a conformarse con menos que la grandeza que Dios tiene para usted.

Lo contrario de la grandeza no es solo la insignificancia, sino también ser alguien promedio y mediocre. Conformarse con una vida mediocre significa que usted se niega a creer en su propia grandeza en Cristo o en la grandeza de Dios. Los personajes acerca de los cuales leemos en la Biblia eran grandes porque confiaban en la grandeza de Dios. Eran poderosos porque vivían con la fuerza de Dios. Eran sabios porque vivían con la sabiduría de Dios. Eran conocedores porque vivían con el conocimiento de Dios.

Tal vez sienta que no merece algo mejor, o tal vez simplemente se niegue a desafiarse a sí mismo. En vez de eso, termina eligiendo vivir en la comodidad de lo común, sin querer arriesgarse a que lo juzguen mal, lo malinterpreten, lo decepcionen o lo rechacen. Algunas personas han confundido el ser promedio con ser humilde, creyendo que una existencia deslucida de alguna manera significa honrar a Dios. Esto es un engaño fatal. Una mentalidad que da paso a la mediocridad no reconoce que Dios creó a los seres humanos a su imagen como representantes de su excelencia y su gloria:

> En él asimismo tuvimos herencia, habiendo sido predestinados conforme al propósito del que hace todas las cosas según el designio de su voluntad, a fin de que seamos para alabanza de su gloria.
> —EFESIOS 1:11-12

La mayoría de las personas no abrazan la plenitud de su potencial por miedo a ser consideradas arrogantes. Francamente, a las personas a veces se les llama arrogantes cuando se niegan a ajustarse a las bajas expectativas, a aceptar el *statu quo* o a dejar escapar una gran visión que tienen para mejorarse a sí mismas y al mundo que les rodea.

Recuerde, usted sirve a un gran Dios que lo destinó para mucho más cuando lo creó a *su* imagen y semejanza (Génesis 1:26). ¡La grandeza corre en sus genes! La grandeza no se trata de ser mejor que otra persona. La grandeza significa ser la mejor versión de usted mismo mientras cumple el plan y el propósito de Dios para su vida.

LA FE QUE DESAFÍA LAS FRONTERAS

No mucha gente recuerda el 14 de octubre de 1947, cuando Chuck Yeager, el capitán de la Fuerza Aérea, estableció un récord al volar un avión experimental propulsado por cohetes más rápido que la velocidad del sonido. Felix Baumgartner ni siquiera había nacido entonces, así que oír hablar de tal hazaña no pudo haber sido el factor motivador para que quisiera repetirla… ¡pero esta vez sin el avión! ¿Quién hace esas cosas? ¿Qué impulsa a los seres humanos a romper las reglas, ampliar los límites y abrir las puertas de la posibilidad para que otros puedan atravesarlas?

Baumgartner nació en Salzburgo, Austria, y todavía recuerda que cuando tenía cinco años soñaba con volar a través del cielo, incluso dibujando imágenes detalladas de esto.[9] Sus héroes de la infancia fueron Neil Armstrong y Spiderman. El sueño de Baumgartner lo llevó a unirse al ejército austriaco, donde era miembro del equipo de paracaidistas. Más tarde estableció un récord mundial haciendo saltos BASE desde edificios y puentes. Incluso se puso alas hechas de fibra de carbono y se elevó por el Canal de la Mancha. Sin embargo, caer desde ciento veinte mil pies (36,570 metros aproximadamente) en un espacio oscuro y helado, y descender a más de setecientas millas (alrededor de 1,126 kilómetros) por hora con el fin de romper la barrera del sonido requeriría que Baumgartner se enfrentara a una barrera que aún no había encontrado: el miedo.[10]

Baumgartner y su equipo de más de trescientos expertos estaban constantemente ajustando su estrategia para alcanzar el éxito, superando tantas incógnitas como fuera posible. Se ocupaban del globo que lo elevaría a la altura deseada, el paracaídas que se desplegaría para llevarlo de vuelta al suelo, y la miríada de cosas intermedias que se necesitaban para ayudarlo a sobrevivir.

Una pieza necesaria del equipo de supervivencia también probaría ser su némesis: su traje espacial. El traje espacial era necesario con el fin de evitar que se congelara y proporcionarle oxígeno para respirar, entre otras cosas. Llevaba espejos pegados a sus guantes, ya que su casco le impedía mirar hacia arriba para ver si su paracaídas se había desplegado correctamente. Incluso planearon un sistema de nebulización dentro de su máscara facial en caso de que su aliento causara que se empañara.[11] Sin embargo, para Baumgartner, cada vez que añadían algo al traje, también se volvía más pesado y su sentido de control se reducía. Pronto comenzó a tener ataques de pánico cuando se vio forzado a pasar horas de prueba dentro de este revestimiento necesario. La claustrofobia era demasiado. "Cada habilidad que había desarrollado a lo largo de los años se volvió bastante inútil tan pronto como me puse el traje espacial. Y después de veinticinco años como profesional, este lo hace a uno sentir débil y expuesto".[12]

Seis meses después de decidir abandonar el proyecto,

Baumgartner estaba viendo una filmación de su reemplazo usando su casco con su nombre y haciendo su trabajo en una prueba. Una punzada de envidia superó su ansiedad, y se vio obligado a regresar. Cuando lo hizo, se enfrentó a dos cosas adicionales que serían igualmente difíciles de superar. En primer lugar, su equipo había perdido la fe en su capacidad para seguir adelante, por lo que tendría que lograr que recuperan la confianza en él como líder. En segundo lugar, tendría que admitir su debilidad y buscar ayuda profesional para la claustrofobia. Baumgartner estaba dispuesto a hacer ambas cosas.

La duda y el miedo continuaron asolándolo, pero no de la misma manera que antes. Había aprendido técnicas para tratar sus problemas psicológicos. Ahora su mayor temor era no lograr su misión de realizar un vuelo supersónico. Ese miedo terminó cuando cayó a la tierra desde una altura de veinticuatro millas (38,6 kilómetros) el domingo 14 de octubre de 2012, a la velocidad máxima de 833,9 millas (1342 kilómetros) por hora, o número de mach 1,24. ¡Lo había logrado! Y alrededor de ocho millones de personas lo habían visto en vivo.[13]

"Fue más difícil de lo que esperaba", dijo. "Créame, cuando usted se para en la cima del mundo, se vuelve muy humilde. Ya no se trata de romper récords. No se trata de obtener datos científicos. Se trata de volver a casa".[14]

Los futuros pilotos y astronautas se beneficiarán de los datos que fueron recopilados. Las nuevas estrategias para los conceptos de escape y las soluciones de equipamiento para la pérdida de presión mantendrán ocupados a los científicos e ingenieros durante un largo tiempo. Sin embargo, Baumgartner aprendió un par de cosas que pueden ayudar a aquellos cuya motivación e ímpetu nunca lograrán llevarlos a la estratosfera.

Primero, cuando Baumgartner salió del módulo que lo llevaba al espacio y miró la inmensidad, dijo: "Sé que el mundo entero está observando, y desearía que todos pudieran ver lo que yo veo. A veces uno tiene que subir muy alto para entender lo pequeño que es realmente".[15] La fe lo lleva a nuevas alturas en Dios. La fe cambia su perspectiva para que pueda ver su vida desde la perspectiva divina. La fe es impresionante. Esta devuelve el asombro a su vida.

En segundo lugar, cuando un reportero le preguntó después cómo planeaba mejorar eso, respondió: "No tengo que hacerlo. Alcancé un punto máximo y no tengo que superarlo de nuevo. Muchos niños ahora piensan en mí como Baumgartner el intrépido, pero espero que pueda hacer que tener miedo esté bien. Todos estos niños pueden saber que Felix también tiene miedo. De ese modo podrán afrontar sus propios temores".[16]

Dios puede instruirlo a hacer cosas que lo hagan temer. La fe dice: "Hazlo de todos modos". Una de las armas más grandes que se levantan contra el creyente es el miedo, el cual viaja con otros dos compañeros: la ansiedad y la preocupación. Esto estancará su movimiento, su crecimiento y su desarrollo. Deje de discutir con Dios cuando le muestre las cosas que puede lograr y las posibilidades que le esperan. Atrévase a salir de las sombras de los demás. ¡Mire al miedo a la cara y decida con fe hacer siempre lo más grande!

Hoy quiero que declare: "Me estoy moviendo hacia un nuevo ámbito de fe en Dios. Ya no más estancamiento, no más limitaciones, no más miedo. Progreso y avanzo más allá de toda limitación". La fe lo lleva al reino de Dios. Cualquier cosa que haga por Dios, debe hacerla con fe.

> ¿Tienes tú fe? Tenla para contigo delante de Dios. Bienaventurado el que no se condena a sí mismo en lo que aprueba. Pero el que duda sobre lo que come, es condenado, porque no lo hace con fe; y todo lo que no proviene de fe, es pecado.
>
> —Romanos 14:22-23

Una cosa es tener fe en Dios y otra cosa es tener fe en lo que Dios ha hecho que seas. La mayoría de nosotros desearía ser otra persona. Señalamos partes de nosotros mismos que no nos gustan. O peor aún, apagamos a otros que brillan más que nosotros, tratando de destruir su influencia y la percepción positiva que los demás tienen acerca de ellos.

Tenga fe en quién Dios lo hizo ser. Usted es increíble. Deje de menospreciarse. Deje de denigrarse. Dios no le hizo imperfecto, sino fabuloso. Después de todo, fue creado a su imagen y semejanza.

No deje que otros lo desacrediten, desprecien o devalúen, y nunca se rebaje a sí mismo. Deje de tratar de encajar bajando sus estándares y expectativas. Usted es la obra de Dios (Efesios 2:10). Ha sido asombrosa y maravillosamente hecho (Salmos 139:14, LBLA). Créalo, compórtese como tal y conviértase en esa persona.

Usted no es un accidente, un incidente o una coincidencia. Su vida fue creada deliberadamente con un propósito. Es alguien muy especial. Dios lo hizo de esa forma por una razón. Ya ha escuchado esto antes, pero vale la pena repetirlo: en todo este mundo no hay nadie como usted. Medite en eso antes de proceder.

¿Puede creerlo? ¿Puede conceptualizar y aceptar el hecho de que es un tesoro único? Está aquí para ofrecerle al mundo su presencia, perspectiva, dones, habilidades y talentos únicos en el lugar donde vive ahora y en el tiempo en que se encuentra aquí en la tierra. Tiene que brillar al mostrar la gloria de Dios.

Usted tiene cualidades destacadas que otras personas necesitan admirar y desear, incluyendo su valor y perspectiva únicos en el mercado y su ejecución de sus dones y talentos. Usted es el tipo de persona que otros deberían conocer. Posee bienes que a otros les encantaría tener, así que póngalos en exhibición. Sus puntos de vista, sus pensamientos e ideas, incluyendo su manera única de ver las cosas, realmente son determinantes. Al mirarse en el espejo, reconozca que la persona especial que ve es amada, celebrada y querida. Usted vale tanto que nadie podría compensarlo por la bendición única que trae al mundo. Sin embargo, debe ser fiel para protegerla y cultivarla.

Crezca continuamente, enfrente con valentía los desafíos y siempre dé lo mejor de sí mismo. Al hacerlo, ayuda a convertir este mundo en un lugar mejor. Y por cierto, lo mejor de usted nunca debe compararse con lo mejor de otra persona. Lo mejor de usted es lo mejor de *usted*. El mundo necesita que desarrolle su potencial único.

A medida que edifica su autoestima y alimenta su ser auténtico, nunca olvide que no solo es inmensamente valioso, sino que los demás también lo son. Dios nos creó a todos con perspectivas y propósitos únicos. Al celebrarse a sí mismo, no olvide mostrar gratitud por los demás, quienes al igual que usted también eligen dar lo mejor de ellos mismos. No compita, no tenga celos, no compare. En vez de eso, celébrese a sí mismo y a los demás. Haga lo correcto y Dios lo honrará.

Aquellos que usted celebra pueden convertirse en las mismas personas con las cuales necesita colaborar para maximizar su propio potencial o asociarse para cumplir sus sueños. Hace bien en rodearse de gente apasionada, resuelta y perseverante que lo anima e inspira.

Tenga fe en Dios y sus instrucciones para su vida. Cualquier cosa que lo instruya a hacer, crea que está vinculada a una bendición y un buen resultado personal. Después del salto, Baumgartner dijo: "El traje era mi peor enemigo, pero se convirtió en mi amigo, porque mientras más alto uno va, más necesita el traje. Este proporciona la única forma de sobrevivir. Aprendí a amar el traje allá arriba. Ese es un mensaje aún más grande que un vuelo supersónico".[17]

Así que a fin de ponernos el traje que necesitamos, hagamos como dice la Escritura: "Ceñid los lomos de vuestro entendimiento, sed sobrios, y esperad por completo en la gracia que se os traerá cuando Jesucristo sea manifestado" (1 Pedro 1:13).

> Vestíos de toda la armadura de Dios, para que podáis estar firmes contra las asechanzas del diablo. Porque no tenemos lucha contra sangre y carne, sino contra principados, contra potestades, contra los gobernadores de las tinieblas de este siglo, contra huestes espirituales de maldad en las regiones celestes. Por tanto, tomad toda la armadura de Dios, para que podáis resistir en el día malo, y habiendo acabado todo, estar firmes. Estad, pues, firmes, ceñidos

vuestros lomos con la verdad, y vestidos con la
coraza de justicia, y calzados los pies con el apresto
del evangelio de la paz. Sobre todo, tomad el escudo
de la fe, con que podáis apagar todos los dardos de
fuego del maligno. Y tomad el yelmo de la salvación,
y la espada del Espíritu, que es la palabra de Dios.
—Efesios 6:11-17

Usted puede haber sido llevado a creer que está limitado,
que enfrenta barreras laborales que le impiden lograr un avance
específico debido a su país de nacimiento. Anímese hoy, porque
no hay restricciones en el reino del Espíritu. Recuerde, Jesús
fue concebido en Nazaret, nació en Belén, recibió protección
en Egipto y luego regresó a Nazaret, donde creció en sabiduría, estatura y favor. Fue bautizado en el Jordán y tentado en el
desierto. Jesús comenzó su ministerio en Capernaum, realizó su
primer milagro en Caná y sometió su voluntad en Getsemaní.
Fue crucificado en el Gólgota, y su resurrección fue confirmada
en el camino de Emaús. Cuando Dios está obrando en su vida
y conoce el propósito, no hay límites geográficos que puedan
restringir la obra de Dios en, con y a través de usted. Declare:
"No tengo limitaciones geográficas".

Declare esto sobre su vida:

- Mi tránsito por esta vida estará libre de las
  restricciones del miedo, la ansiedad o la preocupación. Por la fe decreto que el temor no me
  pondrá límites ni barreras, porque "no nos ha
  dado Dios espíritu de cobardía, sino de poder,
  de amor y de dominio propio" (2 Timoteo 1:7).

- Lograré lo que Dios me ha comisionado y designado para hacer, lograr, inventar o innovar. Puedo tener limitaciones físicas, pero sirvo a un Dios que es ilimitado. "Nada hay imposible para Dios" (Lucas 1:37).

- Pensaré en "todo lo que es verdadero, todo lo honesto, todo lo justo, todo lo puro, todo lo amable, todo lo que es de buen nombre; si hay virtud alguna, si algo digno de alabanza", en eso pensaré (Filipenses 4:8).

Vivir ilimitadamente no significa que usted es ilimitado, sino que el Dios al que sirve es ilimitado. "Tened fe en Dios" (Marcos 11:22). Él lo llevará a nuevas alturas en su fe hasta que vea las cosas desde su perspectiva. Para los hombres es imposible, pero "todas las cosas son posibles para Dios" (Marcos 10:27).

> Porque en él vivimos, y nos movemos, y somos; como algunos de vuestros propios poetas también han dicho: Porque linaje suyo somos.
>
> —Hechos 17:28

CUARTA PARTE

Restaurar

• • •

CAPÍTULO 10

No se queje; cree

LA LEY DE LA CREATIVIDAD

Hagamos al hombre a nuestra imagen,
conforme a nuestra semejanza.
—GÉNESIS 1:26

EL HOMBRE FUE hecho a imagen de Dios, pero fue formado del polvo de la tierra. En uno de los libros más antiguos de la Biblia, un hombre desesperado llamado Job le recordó a Dios que Él lo había formado de un pedazo de barro (Job 10:9). Aunque Job sufrió la pérdida de sus hijos, propiedades y salud, los resultados finales de su vida muestran que Dios sabía lo que estaba haciendo con ese supuesto pedazo de barro, aunque Job lo hubiera dudado por un período de tiempo. (Ver Job 42:12-17.) Lo mismo sucede con usted y todas las demás personas en este mundo. La vida de nadie se ha alejado tanto que no pueda ser rediseñada.

LA ESPERANZA HACE POSIBLE LO IMPOSIBLE

Bill Strickland, quien creció en Pittsburgh, observó cómo su vecindario de Manchester pasaba de ser un barrio de árboles y casas ordenadas en la década de 1950 a convertirse en un gueto con la tasa de criminalidad más alta de la ciudad en la década de

1960. Cuando era un muchacho de dieciséis años, estaba a punto de terminar la escuela y buscaba una salida. Es difícil creer que un joven negro criado en la pobreza considerara al arte como un boleto a una vida mejor, pero eso es exactamente lo que sucedió.

Un día Strickland se encontraba vagando por el pasillo de su escuela secundaria y tuvo la oportunidad de mirar dentro de un aula iluminada por el sol y ver un montón de arcilla en un torno de alfarero que estaba siendo convertida en un jarrón. Strickland interrumpió al maestro Frank Ross, se presentó, y le pidió que le enseñara a hacer artículos de cerámica.

El torno del alfarero girando era mágico para él. "Vi una imagen radiante y esperanzadora de cómo debería ser el mundo. Esto abrió un portal para mí que me sugería que podría haber toda una gama de posibilidades y experiencias que no había explorado".[1]

El maestro de arte aceptó enseñarle a Strickland acerca de la cerámica y mucho más. Le dijo al joven que él tenía "el talento y los recursos para tomar el control de su vida y hacer algo con ella".[2] Al no haber tenido mentores o modelos de personas exitosas antes de esto, ni a otros a su alrededor que lo alentaran, fue un milagro que el joven Strickland eligiera creerle. Ross invitó a Strickland a su casa y alimentó y animó a ese joven cuando los demás no vieron nada en él. También le dio a conocer la música de los grandes del jazz: Miles Davis, Duke Ellington, John Coltrane y otros. La música, la luz del sol, el arte y el olor a comida que se cocinaba en la estufa eran todos signos de esperanza.[3]

Strickland recibió una beca para la Universidad de Pittsburgh, comenzando el año en libertad condicional y terminando en la lista del decano. Sin embargo, su antiguo vecindario, del que se había preocupado profundamente, continuaba sufriendo, ya que los disturbios de finales de la década de 1960 lo saquearon. Mientras aún estaba en la universidad, Strickland decidió iniciar un programa extracurricular para devolver la esperanza a las calles. Lo llamó Manchester Craftsmen's Guild [Asociación de Artesanos de Manchester] (MGC), y así les enseñaba a los niños sobre la alfarería. Esta había cambiado su vida, y tenía todas las razones para creer que haría lo mismo con otros niños también.[4]

Tres años más tarde, se le pidió que se hiciera cargo del Centro de Capacitación Bidwell, un programa dirigido por la iglesia que ofrecía capacitación vocacional para adultos. Aceptar este desafío le proporcionó su visión para salvar a los niños con problemas antes de que se perdieran y recuperar a los adultos que el sistema había olvidado. Para 1983, Strickland había amasado una red de líderes empresariales y comunitarios de los cuales se valió para la siguiente gran aventura del cambio social. Con ciento doce dólares en el banco, se puso a caminar por las calles para recaudar ocho millones de dólares a fin de construir un edificio en un parque industrial abandonado.[5]

Strickland decidió construir un lugar lleno de belleza, donde la luz del sol entrara como lo había hecho en el aula donde vio por primera vez a Ross y su torno de alfarero. "Lo peor de ser pobre es lo que le hace a su espíritu, no solo a su billetera. Quería construir algo que le diera a la gente que viene aquí una visión de lo que puede ser la vida, crear un ambiente que dijera que la vida es buena".[6]

Tres años más tarde, el edificio quedó terminado. Hoy en día

MCG enseña de manera gratuita a cientos de niños cerámica, pintura, fotografía y dibujo. El objetivo no es producir artistas, sino atraer y reorientar a los jóvenes con problemas y dirigirlos hacia un futuro mejor. Esto debe estar funcionando, porque el ochenta por ciento de los niños que atraviesan sus puertas van a la universidad.[7] A partir del año 2016, el programa juvenil de Strickland ha inaugurado "franquicias" en otras diez ciudades, incluyendo a Acre en Israel, "que sirve a niños palestinos e israelíes juntos bajo un mismo techo. Strickland espera que el centro de Acre, en sus palabras, 'posiblemente altere un conflicto que ha durado siglos'".[8]

El centro de formación de adultos ha tenido el mismo éxito. Strickland se ha asociado con corporaciones del área para capacitar a una fuerza laboral calificada muy necesaria. Estos adultos están siendo instruidos como técnicos en los campos de la tecnología hortícola, la codificación médica y las artes culinarias, entre muchos otros. Más de quinientos adultos se gradúan del programa cada año, el noventa por ciento de los cuales encuentra empleo a tiempo completo.[9]

Strickland todavía vive no muy lejos de su antiguo vecindario en una modesta casa. Ha rechazado numerosas ofertas de compañías de Fortune 500 e incluso solicitudes de postularse para un cargo político. En cambio, utiliza su tiempo para hacer cosas como hablar acerca de la forma en que está cambiando el mundo con jóvenes que estudian para obtener su maestría en administración de empresas.[10] Los estudiantes empresariales como estos, a menudo con lágrimas en los ojos, hacen fila a fin de preguntar cómo pueden trabajar para él, lo que aún le sorprende sabiendo que originalmente se habían propuesto buscar trabajos corporativos bien remunerados. Cuando les pregunta acerca de su objetivo original de convertirse un día en directores ejecutivos de alto perfil, responden con una respuesta que suena algo así: "Estamos aquí porque queremos encontrar una oportunidad donde la vida tenga más sentido. Lo que usted hace tiene sentido".[11]

El mensaje de Strickland es sobre "el sentido común y la decencia, sobre el dictado de que nuestras mejores esperanzas siempre deben ser cumplidas, que todas las personas en todas partes poseen un hambre innata y el derecho al sustento, el bien y la belleza".[12] ¿Y su amor por el jazz? Bueno, Strickland incluyó un local de jazz de última generación en su edificio, y desde sus inicios ha grabado a algunos de los grandes del jazz de todos los tiempos... ¡ganando los MCG Grammys![13]

Strickland tiene un sentido de urgencia por cambiar el mundo, así como la esperanza de que se pueda lograr. Mientras le presentaba su modelo a un grupo de escolares en una nueva ciudad donde se estaban lanzando, una niña levantó la mano y preguntó cuánto tiempo iba a tardar esto en completarse. Cuando le dijo de tres a cuatro años, ella amablemente declaró: "Sr. Strickland, no tengo tres o cuatro años".[14] Él compartió esa historia con un grupo de empresarios de esa misma ciudad diciendo:

> La pobreza crece, los vecindarios mueren; la espe-
> ranza muere [...] Los trabajos están ahí afuera [...]
> La gente que quiere trabajar no puede encontrarlos,
> porque no saben leer, no saben hacer cálculos bási-
> cos, y lo que es peor, no pueden imaginarse leyendo
> o haciendo cálculos, y mucho menos trabajando en

esos buenos trabajos para mantener a sus familias.
Hay algo mal en esta imagen.[15]

Strickland declara: "Podemos transformar toda esta historia
y convertirla en una de celebración y esperanza".[16]

Su país, ciudad y vecindario no están desprovistos de esperanza. Tal vez por eso Dios lo colocó allí. Ester fue destinada a
Persia, a una región donde el rey aprobó un decreto para exter-
minar al pueblo judío. No obstante, el plan de Dios era más
grande que el suyo. A fin de poner de manifiesto su plan en la
tierra, Él utilizó a una joven de una aldea rural. Ella no tenía un
título en ciencias políticas. No había sido entrenada en derecho
constitucional, negociación de rehenes, o conciliación y arbitraje
geopolítico. Sin embargo, lo que sí tenía era fe en Dios.

He descubierto que Dios no llama a los calificados, pero sí
califica a los llamados. Los riesgos pueden ser altos, pero los
resultados y recompensas previstos superan con creces los riesgos. Pídale a Dios que lo use para producir un cambio en su
país, ciudad y vecindario. Pídale que le muestre, si es necesario,
cómo crear algo de la nada.

LA LEY DE LA CREATIVIDAD

Dios creó. Esto lo sabemos por el primer capítulo de Génesis. Y
de eso trata este libro que tiene en sus manos: de crear la vida de
sus sueños a partir de lo que puede parecer un vacío sin forma,
inútil y oscuro que es su pasado. Si todavía está leyendo, ha
llegado a entender que tiene la voluntad —*y la creatividad que
Dios le ha dado*— para crear cualquier cosa que desee mañana.

Cuando Dios dijo en Génesis 1:26: "Hagamos al hombre a
nuestra imagen, conforme a nuestra semejanza", tenía en mente

un prototipo. De la misma manera, cuando usted se proponga crear la vida con la que ha soñado, también debe tener en cuenta la semejanza a partir de la cual quiere crearla. Dios nos da el reino de los cielos como el prototipo a seguir para moldear nuestras vidas.

Los orígenes del significado de la palabra *crear* están enraizados en el latín *creātus*, que es el participio pasado de *creāre*, el cual significa "traer a la existencia, engendrar, dar a luz, hacer crecer".[17] Si observamos la etimología de la palabra crear, encontraremos que está relacionada con *crēscere*, que significa "llegar a la existencia, aumentar de tamaño o número, crecer".[18]

¿Qué nos dice esto sobre la ley de la creatividad? Creo que esto habla de la necesidad de hacer crecer lo que deseamos para nosotros mismos y nuestras familias. Debemos cuidar los jardines de nuestras vidas cultivando y creando lo que esperamos ver crecer allí. Nos corresponde a nosotros sembrar, labrar y plantar lo que queramos producir; somos los administradores del huerto de nuestra vida.

Déjeme preguntarle algo: ¿Qué está cultivando en su vida diaria? ¿Qué está creando?

Crear es crecer, y crecer es ser un buen y fiel administrador. Medite por un momento en la parábola de los talentos:

> "También el reino del cielo puede ilustrarse mediante la historia de un hombre que tenía que emprender un largo viaje. Reunió a sus siervos y les confió su dinero mientras estuviera ausente. Lo dividió en proporción a las capacidades de cada uno. Al primero le dio

cinco bolsas de plata; al segundo, dos bolsas de plata; al último, una bolsa de plata. Luego se fue de viaje.

"El siervo que recibió las cinco bolsas de plata comenzó a invertir el dinero y ganó cinco más. El que tenía las dos bolsas de plata también salió a trabajar y ganó dos más. Pero el siervo que recibió una sola bolsa de plata cavó un hoyo en la tierra y allí escondió el dinero de su amo.

"Después de mucho tiempo, el amo regresó de su viaje y los llamó para que rindieran cuentas de cómo habían usado su dinero. El siervo al cual le había confiado las cinco bolsas de plata se presentó con cinco más y dijo: "Amo, usted me dio cinco bolsas de plata para invertir, y he ganado cinco más".

"El amo lo llenó de elogios. "Bien hecho, mi buen siervo fiel. Has sido fiel en administrar esta pequeña cantidad, así que ahora te daré muchas más responsabilidades. ¡Ven a celebrar conmigo!".

"Se presentó el siervo que había recibido las dos bolsas de plata y dijo: "Amo, usted me dio dos bolsas de plata para invertir, y he ganado dos más".

"El amo dijo: "Bien hecho, mi buen siervo fiel. Has sido fiel en administrar esta pequeña cantidad, así que ahora te daré muchas más responsabilidades. ¡Ven a celebrar conmigo!".

"Por último se presentó el siervo que tenía una sola bolsa de plata y dijo: "Amo, yo sabía que usted era un hombre severo, que cosecha lo que no sembró y recoge las cosechas que no cultivó. Tenía miedo de perder su dinero, así que lo escondí en la tierra. Mire, aquí está su dinero de vuelta".

"Pero el amo le respondió: "¡Siervo perverso y perezoso! Si sabías que cosechaba lo que no sembré y recogía lo que no cultivé, ¿por qué no depositaste mi dinero en el banco? Al menos hubiera podido obtener algún interés de él".

"Entonces ordenó: 'Quítenle el dinero a este siervo y dénselo al que tiene las diez bolsas de plata. A los que usan bien lo que se les da, se les dará aún más y tendrán en abundancia; pero a los que no hacen nada se les quitará aun lo poco que tienen. Ahora bien, arrojen a este siervo inútil a la oscuridad de afuera, donde habrá llanto y rechinar de dientes'".

—MATEO 25:14-30, NTV

Dios ya le ha dado todo lo que usted necesita para producir, hacer crecer y aumentar todo lo que le ha confiado en esta vida. Si se siente atascado, como tal vez le sucedió a la reina Ester, entonces ore. Inclínese y escuche. Dios le dará la perspicacia y la inspiración que necesita para cultivar todas las cosas hermosas que lo destinó a crear cuando lo puso en su jardín, ya sea una conversación, una campaña o un lienzo que pintar. Confíe en Él a fin de que lo capacite a través de su Espíritu para hacer algo nuevo; para crecer, producir y aumentar todo lo que le traiga gozo. Esta es la ley de la creatividad, tan activa y real como la ley de la gravedad. Y como todo en el reino, requiere fe.

Si te quedas callada en un momento como este, el alivio y la liberación para los judíos surgirán de algún otro lado, pero tú y tus parientes morirán. ¿Quién sabe si no llegaste a ser reina precisamente para un momento como este?

—ESTER 4:14, NTV

• • •

CAPÍTULO 11

Mantenga viva la esperanza

LA LEY DE LA EXPECTATIVA

Y dijo Dios: He aquí que os he dado toda planta
que da semilla, que está sobre toda la tierra, y
todo árbol en que hay fruto y que da semilla.
—GÉNESIS 1:29

DONDE HAY UNA semilla, hay esperanza. En cada planta y en el fruto de cada árbol, Dios proveyó una semilla para que tuviera un futuro. Todos necesitamos la esperanza de un buen futuro a fin de seguir adelante. La buena noticia es que la esperanza ya está en usted, así como la semilla está en el fruto. ¡Nunca tiene que enfrentarse a la desesperanza, porque Dios siempre está obrando en su vida! ¡Así que puede esperar cosas buenas!

MANANTIAL ETERNO DE ESPERANZA

Podría decirse que la esperanza es para la fe lo que lo mojado es para el agua. Usted no puede tener lo uno sin lo otro. Mientras que la fe se relaciona con la confianza, la esperanza se relaciona con la expectativa. La esperanza y la fe son como los gemelos, cada uno tiene características distintivas que puede aprender a reconocer. Yo describiría la fe como teniendo que ver con algo que está presente, aunque todavía no se ha visto, mientras que la esperanza es algo que todavía no está presente, pero lo estará.

La esperanza alimentada por la fe no es lo mismo que el optimismo. El pastor y autor Henri Nouwen observa: "El optimismo y la esperanza son actitudes radicalmente diferentes. El optimismo es la expectativa de que las cosas [...] mejorarán. La esperanza es la confianza de que Dios cumplirá las promesas que nos ha hecho de una manera que nos conduce a la verdadera libertad".[1] La esperanza, como la fe, es una virtud cristiana fundamental que debe ser practicada deliberadamente. Es también, como la fe, una fuerza espiritual. Sin la fuerza de la esperanza, los seres humanos se desvanecen, y como las flores, se marchitan. En Proverbios leemos que sin esperanza, el corazón se enferma (Proverbios 13:12).

Se supone que la esperanza es algo bueno que uno desea y anticipa que sucederá en el futuro. Para uno, la esperanza representa lo que es probable, pero para otro es más bien un deseo o un sueño lejano. Dallas Willard describe la esperanza como "una alegre anticipación del bien".[2] Aunque no está aquí todavía o no se ve, esa esperanza se basa en una promesa que viene de Dios. Sin embargo, la esperanza no es solo un concepto religioso. Incluso los ateos tienen esperanza, porque albergan el deseo de un futuro que creen que es posible.

Algunos señalan a las primeras señales de la primavera después de un largo invierno como una descripción de la esperanza. La primavera siempre ha llegado, y no hay razón para creer que en un año determinado esta no volverá a seguir al invierno. En la profundidad del invierno, usted puede imaginarse a sí mismo en la primavera, la cual sabe que está en camino. Puede verla en su mente.

La esperanza no es un sentimiento, aunque los sentimientos son estructuras de apoyo para la esperanza. La esperanza en realidad es un proceso cognitivo activo, no pasivo. *Esperar* que usted va a conseguir un nuevo trabajo, pero no llevar a cabo ninguna acción para lograr esa esperanza, es simplemente una ilusión. No obstante, las personas a menudo consideran a la esperanza como pasiva, sin esfuerzo, indolora y segura. Sin embargo, la esperanza es proactiva, requiere esfuerzo, iniciativa y sacrificio.

La esperanza se basa en la confianza en una persona o proceso, incluyéndose a usted mismo. Si no confía lo suficiente en lo que cree para actuar en consecuencia, entonces no tiene esperanza. Cuando usted activa su fe, la esperanza se activa en el proceso. Ellas se apoyan mutuamente. La esperanza aumentará su fe y viceversa.

Las personas que tienen una fe fuerte creen que pueden confiar en las promesas de Dios, así que anticipan algo en el futuro de acuerdo con su entendimiento de los caminos de Dios. No obstante, aun así deben actuar, y sin duda encontrarán lucha, incomodidades y cambios. Brennan Manning escribió una vez: "La esperanza sabe que si se evitan las grandes pruebas, las grandes obras se quedan sin hacer, y la posibilidad de crecer hacia la grandeza del alma es abortada".[3]

Lo animo a seguir descubriendo la verdad sobre la fe y la esperanza. Como dice a menudo Galileo: "Todas las verdades son fáciles de entender una vez descubiertas; lo importante es descubrirlas".[4] Conozca la verdad sobre el poder de la esperanza y cómo aprovechar esa esperanza para sostener su fe.

ESPERANZA O NO ESPERANZA

Hace varios años un grupo de niños de cuatro años se convirtió en parte de un estudio que ha recibido muchos comentarios a lo largo de los años, algunos de los cuales están de acuerdo con los hallazgos y otros los disputan. Es difícil creer que los malvaviscos puedan ser parte de la investigación científica, pero lo fueron.

Un investigador le dio a un niño en edad preescolar un plato de malvaviscos y luego le dijo que tenía que salir un momento de la habitación. Si el niño esperaba hasta que el investigador regresara, podría comerse dos malvaviscos. Pero si quería comerse uno de inmediato, podía hacer sonar una campana y el investigador regresaría enseguida. Algunos niños esperaron para tener dos malvaviscos, y muchos no lo hicieron.[5]

A fin de estudiar *por qué* algunos niños fueron capaces de esperar, otro grupo de investigadores repitió el estudio años después, esta vez con una variación. Primero se les proporcionó a los niños algunas experiencias en las que se les prometió algo mejor —por ejemplo, crayones más grandes— si esperaban. El primer grupo recibió los crayones como se prometió; el segundo grupo nunca recibió lo que se les había prometido. En las pruebas posteriores, los que habían esperado, pero no recibieron nada, decidieron no esperar y se comieron el malvavisco. Aquellos cuya esperanza se había cumplido optaron por esperar.[6]

Si la prueba del malvavisco demuestra algo o no puede ser discutible, pero nadie negaría que muchas personas han visto defraudadas sus esperanzas. Ellas ya no creen que su futuro será mejor que su pasado. La desesperanza es un poderoso obstáculo en la vida. Tal vez usted esté familiarizado con el debilitante sentido de desesperanza de aquellos que están "sin Cristo, alejados de la ciudadanía de Israel y ajenos a los pactos de la promesa, sin esperanza y sin Dios en el mundo" (Efesios 2:12).

La desesperanza puede ser el resultado de suposiciones poco realistas, las cuales pueden llevarlo a culparse a sí mismo por no ser lo suficiente inteligente, lo suficiente rápido, lo suficiente rico, o cualquier otro "suficiente". Usted *es* suficiente. Aunque nunca será perfecto, puede ser hecho perfecto mientras vive en la grandeza de Dios y su gracia. Él es capaz de perfeccionar las cosas que se relacionan con usted (1 Pedro 5:10).

Eso no significa que deje de crecer, aprender nuevas habilidades y encontrar nuevas maneras de alcanzar su futuro preferido. El fracaso es solo un proceso de descubrimiento que puede no tener nada que ver con su capacidad o su valía. A veces simplemente este forma parte del aprendizaje necesario para lograr su éxito final.

La desesperanza es a menudo el resultado de creer que no tiene alternativas. Algunos le llamarían pesimismo. No obstante, como dice el escritor francés del siglo diecinueve, Alphonse Karr: "Podemos quejarnos porque los rosales tienen espinas, o alegrarnos porque las espinas tienen rosas".[7] Crea en las promesas de Dios: "Porque todas las promesas de Dios son en él Sí, y en él Amén, por medio de nosotros, para la gloria de Dios" (2 Corintios 1:20). Maneje la tensión entre su situación actual y la promesa que usted está creyendo.

Situaciones aparentemente desesperadas han llevado a

actos de valentía que han hecho historia, como los de Johan van Hulst, quien arriesgó su vida al sacar a seiscientos niños judíos de Ámsterdam mientras estaba ocupada por los nazis.[8] Él actuó a pesar de su situación desesperada, usando la esperanza como catalizador para cambiar el curso de la historia. En otras palabras, aunque la situación parecía desesperada, estaba lleno de esperanza.

Lo mismo podría decirse de aquellos valientes hombres y mujeres que el 11 de septiembre de 2001 intentaron recuperar el control de su avión secuestrado antes de que se convirtiera en un instrumento de destrucción por parte de los terroristas. Ellos perdieron sus vidas en un campo de Pensilvania, pero salvaron las vidas de muchos otros. Cuando se sienta desesperado, actúe de todos modos.

He aquí una sencilla oración que elevar:

Padre celestial, vengo ante ti hoy necesitado de esperanza. Hay momentos en los que me siento impotente para cambiar las cosas a mi alrededor y seguir adelante en la vida. A veces me siento demasiado débil espiritualmente para orar. Sin embargo, hoy clamo a ti por esperanza. Necesito esperanza para creer que las cosas mejorarán. Necesito esperanza a fin de tener fe en que las cosas cambiarán para mi bien. Necesito esperanza para un mejor futuro, un mejor matrimonio, mejor salud, mejores oportunidades de trabajo, mejores empleados, mejores relaciones y una mejor mentalidad. Necesito esperanza para una vida mejor. Necesito esperanza para el amor, la alegría y el favor.

LA LEY DE LA EXPECTATIVA

Este libro está diseñado para fortalecer su fe, así que quiero que entienda lo importante que es mantener sus expectativas altas. David dijo: "Alma mía, en Dios solamente reposa, porque de él es mi esperanza" (Salmos 62:5). La fe y la esperanza —confiar y esperar— trabajar juntas.

La esperanza se considera algo bueno y optimista, pero en un estudio sobre la longevidad los investigadores descubrieron que las personas mayores que son *demasiado* optimistas en realidad viven menos años. Un artículo en Smithsonian.com reportó que las personas mayores "que solo ven el arco iris y el sol por delante" —en lugar de reconocer que la muerte es parte de la vida— "se están engañando a sí mismas y tienen menos probabilidades de vivir una vida saludable y prudente".[9] Por lo tanto, tener esperanza no significa poner a su cerebro analítico a dormir y actuar como si todo fuera a funcionar siempre perfectamente. Asumir que la esperanza y la facilidad son compañeros de viaje puede conducirlo a la desesperación y al dolor cuando llegan las dificultades, los reveses, las pruebas, los fracasos e incluso las crisis de fe.

Pablo escribió acerca de la esperanza de Abraham, diciendo que él "creyó en esperanza contra esperanza, para llegar a ser padre de muchas gentes, conforme a lo que se le había dicho" (Romanos 4:18). Esa esperanza alimentó la fe de Abraham, y como resultado no "dudó, por incredulidad, de la promesa de Dios, sino que se fortaleció en fe, dando gloria a Dios, plenamente convencido de que era también poderoso para hacer todo lo que había prometido" (vv. 20-21).

Pablo mismo era un hombre con una esperanza perseverante,

pero aun así se encontró varias veces en la cárcel. Sin embargo, observó: "Seguiré actuando con valor por Cristo, como lo he hecho en el pasado. Y confío en que mi vida dará honor a Cristo, sea que yo viva o muera" (Filipenses 1:20, NTV).

Esté dispuesto a crecer en lo que respecta a lo que usted cree. Pídale a Dios que aumente su esperanza para que pueda crecer en la fe. No deje que su mente se conmueva fácilmente cuando la vida le lance una bola curva. (Ver 2 Tesalonicenses 2:1-2.) Cuando las circunstancias se pongan difíciles, no deposite su esperanza en cosas, personas, ideas o resultados. Si lo hace, terminará decepcionado por una razón u otra. Ponga su esperanza en Dios.

> ¿Por qué voy a inquietarme? ¿Por qué me voy a angustiar? En Dios pondré mi esperanza y todavía lo alabaré. ¡Él es mi Salvador y mi Dios!
> —Salmos 42:5, NVI

Anímese reflexionando acerca de un momento en el que algo nuevo e inesperado llegó a su vida. Dios está siempre con usted. Él nunca se rendirá, y usted tampoco debería hacerlo.

Declaro de acuerdo a Job 11:16-19: "Ciertamente olvidarás tus pesares, o los recordarás como el agua que pasó" (NVI). La vida será más brillante que el mediodía, y la oscuridad será como la mañana. Usted estará seguro, porque hay esperanza; mirará a su alrededor y descansará a salvo. Se acostará sin que nadie lo atemorice, y muchos querrán ganarse su favor.

Es posible que se sienta desesperanzado, pero no está indefenso. No crea ni por un momento que sus circunstancias desafiantes tienen el poder de disminuir su felicidad. Su felicidad no debe depender de la realización de un cierto logro, de la obtención de una cierta meta o de casarse con una cierta persona. Si se siente triste, decepcionado o descorazonado porque algo no sucedió o parece estar fuera de su alcance, entonces cambie el enfoque de su esperanza. No importa cuán bueno usted pensó que sería, nada acerca de su viaje en la vida debe ser considerado como la proverbial temporada final. Dios es dado a los nuevos comienzos. Sus misericordias son nuevas cada mañana (Lamentaciones 3:22-23), así que puede reescribir el guión de cualquier temporada con el amanecer de cada nuevo día.

El filósofo francés Blaise Pascal escribió: "Nunca estamos viviendo, sino esperando vivir; y aunque siempre nos preparamos para ser felices, esto es cierto, nunca lo seremos si no aspiramos a otra felicidad que aquella que podemos disfrutar en esta vida".[10] ¡Deje de lamentarse, llorar y esperar a que las cosas cambien antes de empezar a vivir! Jesús dijo: "El ladrón no viene sino para hurtar y matar y destruir; yo he venido para que tengan vida, y para que la tengan en abundancia" (Juan 10:10).

En este tiempo, decreto que nada ni nadie le robará su alegría, sofocará su felicidad o impedirá su progreso en la vida. Deje de reservar su felicidad para algún tiempo lejano en el futuro. Toque su música alegre y baile ahora. Dance en el fuego y cante en la guarida del león, porque esto también pasará.

Decreto por fe: "Dios, 'has cambiado mi lamento en baile; desataste mi cilicio, y me ceñiste de alegría. Por tanto, a ti cantaré, gloria mía, y no estaré callado. Jehová Dios mío, te alabaré para siempre'" (Salmos 30:11-12). Adore a Dios con un abandono temerario. Declare conmigo a pleno pulmón: "Dios es mi socorro; el Señor es quien me sostiene [...] Te presentaré una ofrenda voluntaria y alabaré, Señor, tu buen nombre; pues me has librado de todas mis angustias, y mis ojos han visto la derrota de mis enemigos" (Salmos 54:4, 6-7, nvi).

La esperanza está conectada a encontrar el sentido de la vida. Esta es fundamental para su felicidad, éxito y progreso. Dios tiene grandes planes para usted, y muchas cosas maravillosas le aguardan en su futuro. Eso no es solo algo por lo que vale la pena creer a Dios, sino por lo que vale la pena esperar.

> Porque yo sé muy bien los planes que tengo para ustedes —afirma el Señor—, planes de bienestar y no de calamidad, a fin de darles un futuro y una esperanza. Entonces ustedes me invocarán, y vendrán a suplicarme, y yo los escucharé. Me buscarán y me encontrarán cuando me busquen de todo corazón.
>
> —Jeremías 29:11-13, nvi

CAPÍTULO 12

· · ·

Experimente el asombro

LA LEY DE LO ASOMBROSO

Y vio Dios todo lo que había hecho, y he
aquí que era bueno en gran manera. Y
fue la tarde y la mañana el día sexto.
—GÉNESIS 1:31

E L 10 DE abril de 2019 se presentó la primera imagen tomada de un agujero negro en una conferencia de prensa global. El director de la Fundación Nacional de Ciencia de Estados Unidos, France Córdova, reflejó la emoción por el éxito de la colaboración mundial que condujo a esta imagen exclamando: "Estamos viendo lo invisible".[1] ¡Qué profético! Estamos viviendo en los días en que percibimos lo que antes no se veía. ¡Gloria a Dios! La habilidad de observar y entender lo que hasta ahora han sido misterios inobservables es solo el principio.

El borde exterior de un agujero negro se llama "horizonte de sucesos". Ese borde fue revelado en la imagen capturada por los científicos. Creo que esta es una metáfora profética de lo que está en el horizonte para usted, su familia, su comunidad, su industria y su nación. En esencia, estamos viviendo en una temporada extraordinaria de manifestaciones sobrenaturales.

Lo que es y siempre ha sido se está viendo ahora según se manifiesta en nuestra conciencia colectiva en la tierra. ¡Aleluya! ¡Gloria a Dios! Estoy inspirada, porque así como el 10 de abril de 2019 se hizo un anuncio de un cambio de paradigma con respecto a ver lo invisible, así también estoy declarando hoy que usted comenzará a ver lo sobrenatural manifestado en su vida.

> Como está escrito: Cosas que ojo no vio, ni oído oyó, ni han subido en corazón de hombre, son las que Dios ha preparado para los que le aman. Pero Dios nos las reveló a nosotros por el Espíritu; porque el Espíritu todo lo escudriña, aun lo profundo de Dios [...] Y nosotros no hemos recibido el espíritu del mundo, sino el Espíritu que proviene de Dios, para que sepamos lo que Dios nos ha concedido, lo cual también hablamos [...] Pero el hombre natural no percibe las cosas que son del Espíritu de Dios, porque para él son locura, y no las puede entender, porque se han de discernir espiritualmente.
>
> —1 Corintios 2:9-14

Su nueva frontera está justo más allá de sus sentidos naturales; no en algún lugar en el espacio, sino en las regiones inexploradas del reino dentro de usted. Su tesoro interior merece toda la atención que pueda darle. Su potencial aún no se ha maximizado. Se necesita fe para verlo, creerlo, poseerlo y manifestarlo.

EL PODER ESTÁ EN USTED

Como creyente, cuando usted reconoce la libertad que Cristo le aseguró en la cruz del Calvario, debe entender que no es un prisionero de su pasado, un producto de su entorno o una víctima de las circunstancias. "Cristo nos libertó para que vivamos en libertad. Por lo tanto, manténganse firmes y no se sometan nuevamente al yugo de esclavitud" (Gálatas 5:1). Usted no está atado a la persona que solía ser, porque eso ya no le sirve a la persona en la que tiene el poder de convertirse.

Sus sentimientos y emociones no son lo que es, sino simplemente la forma en que elige responder a los estímulos externos. Su futuro no tiene que tomar el mismo camino que su pasado. Su destino no tiene que incluir sus relaciones, experiencias y circunstancias pasadas. Usted puede firmar un nuevo contrato en la vida, crear un nuevo paradigma, construir nuevas relaciones, adquirir nuevas habilidades y comportamientos, y aprovechar las nuevas oportunidades. No tiene que disculparse con la gente por querer algo mejor. ¡Deje de pedirles a las personas sus opiniones cuando pueda ver cómo estas opiniones han minado su propia grandeza!

No tiene que justificar sus sentimientos o acciones a medica que intenta averiguar qué camino tomar. Ore y consulte a Dios, luego confíe en Él a pesar de las muchas personas que digan que está cometiendo un error. No tiene que soportar a aquellos que están inseguros acerca de sus fortalezas, ideales y valores cristianos. Algunas personas quieren que falle solo para probar que el cristianismo es algo anticuado. Todo lo que tiene que hacer es caminar por fe, no por vista (ver 2 Corintios 5:7), confiando en que Dios sabe lo que es mejor para usted y que Él continuará guiándolo por "sendas de justicia por amor de su nombre" (Salmos 23:3). Con una perspectiva positiva y una confianza inquebrantable en que Dios tiene un plan mayor que el dolor que dejó atrás, nada de lo que se proponga lograr está más allá del poder de Dios (Job 22:28).

Sé por experiencia personal que cuando usted cambia, no todo el mundo estará contento y celebrará el cambio. Algunos desconfiarán, otros se irritarán levemente, mientras que otros protestarán de forma manifiesta dándole un ultimátum. Si embargo, las personas de calidad —aquellas que le han sido asignadas divinamente y deben estar en su vida como compañeros de viaje— no le pedirán que explique su cambio ni que justifique la fe y el valor que tiene ahora. Ellos verán la sinceridad de su corazón y la belleza de un alma rejuvenecida.[2] Estas personas ya entienden lo que se necesita para devolverle lo *maravilloso* a una vida, probablemente porque tuvieron que atravesar el mismo terreno espiritual que usted. Así que se identificarán automáticamente con su humanidad y su espiritualidad cuando en un momento llegue a las profundidades del infierno y en el otro toque el cielo, hablando en sentido figurado.

Esta es una historia que creo que lo animará a recuperar lo maravilloso en su vida. La historia habla de un explorador. Él cuenta su experiencia viajando hace años por el Medio Oriente.[3]

Mientras bajaba por los ríos Tigris y Éufrates hace muchos años con un grupo de viajeros ingleses, me encontré bajo la dirección de un viejo guía árabe que contratamos en Bagdad [...] Él pensó que su deber no era solo guiarnos por esos ríos y hacer aquellas cosas por las cuales se le pagaba, sino también entretenernos con historias curiosas y extrañas, antiguas y modernas, ajenas y familiares. Muchas de ellas las he olvidado, y me alegro de haberlo hecho, pero hay una que nunca olvidaré [...]

Él dijo: "Le voy a contar una historia que reservo para mis amigos especiales". Cuando enfatizó las palabras "amigos especiales", me dispuse a escuchar, y siempre me he alegrado de haberlo hecho [...]

El viejo guía me contó que una vez, cerca del río Indo, vivió un antiguo persa llamado Ali Hafed. Me explicó que Ali Hafed era dueño de una granja muy grande, que tenía huertos, campos de cereales y jardines; que tenía dinero a su disposición, y era un hombre rico y contento. Estaba contento porque era rico, y rico porque estaba contento. Un día, a ese viejo granjero persa lo visitó uno de esos antiguos sacerdotes budistas, uno de los sabios de Oriente. Él se sentó junto al fuego y le contó al viejo granjero cómo se hizo nuestro mundo. Dijo que este mundo fue una vez un mero banco de niebla, y que el Todopoderoso metió su dedo en este banco de niebla y comenzó a moverlo lentamente, aumentando la velocidad, hasta que por fin de tanto hacer girar a este banco de niebla lo convirtió en una bola de fuego sólida. Luego esta se fue rodando por el universo, ardiendo en su camino a través de otros bancos de niebla y condensando la humedad, hasta que cayeron copiosas lluvias sobre su superficie caliente y enfriaron la corteza exterior. Entonces los fuegos internos que estallaban hacia afuera a través de la corteza formaron las montañas y colinas, los valles, las llanuras y las praderas de este maravilloso mundo nuestro. Si esta masa fundida interna estallaba y se enfriaba muy rápidamente, se convertía en granito; menos rápidamente en cobre, menos rápidamente en plata, menos rápidamente en oro, y después del oro se hacían los diamantes.

El viejo sacerdote dijo: "Un diamante es una gota de sol congelada". Ahora bien, es literalmente cierto desde el punto de vista científico que un diamante es un depósito real de carbono proveniente del sol. El viejo sacerdote le dijo a Ali Hafed que si tenía un diamante del tamaño de su pulgar podía comprar el condado, y si tenía una mina de diamantes podía colocar a sus hijos en tronos por la influencia de su gran riqueza.

Ali Hafed se enteró de todo lo relacionado con los diamantes, así como cuánto valían, y esa noche se fue a su cama como un hombre pobre. No había perdido nada, pero era pobre porque estaba descontento, y estaba descontento porque temía ser pobre. Él se dijo: "Quiero una mina de diamantes", y se quedó despierto toda la noche.

Temprano por la mañana buscó al sacerdote [...] y cuando sacudió a ese viejo sacerdote y lo despertó de sus sueños, Ali Hafed le preguntó:

—¿Me dirás dónde encuentro diamantes?

—¡Diamantes! ¿Para qué quieres diamantes?

—Deseo ser inmensamente rico.

—Bueno, entonces ve y encuéntralos. Eso es todo lo que tienes que hacer; ve y encuéntralos, y luego los tendrás.

—Pero no sé adónde ir.

—Bueno, si hallas un río que atraviesa arenas blancas, entre altas montañas, en esas arenas blancas siempre encontrarás diamantes.

—No creo que exista tal río.

—Oh, sí, hay un montón de ellos. Todo lo que tiene que hacer es ir a buscarlos, y luego ya los tendrás.

—Yo iré —dijo Ali Hafed.

Así que vendió su granja, reunió su dinero, dejó a su familia a cargo de un vecino y se fue en busca de diamantes. Comenzó su búsqueda, en mi opinión de forma muy acertada, en las Montañas de la Luna. Después vino a Palestina, luego a Europa, y por fin cuando su dinero se había acabado y estaba en harapos, sumido en la miseria y la pobreza, se paró en la orilla de esa bahía en Barcelona, España, mientras un gran maremoto venía rodando entre los pilares de Hércules, entonces el hombre pobre, afligido, sufriente y moribundo no pudo resistir la terrible tentación de lanzarse a la marea entrante, y se hundió bajo su cresta espumosa para nunca más volver a levantarse en esta vida [...]

El hombre que compró la granja de Ali Hafed

llevó un día a su camello al jardín para beber, y mientras el camello metía la nariz en las aguas poco profundas del arroyo del jardín, el sucesor de Ali Hafed notó un curioso destello de luz en las blancas arenas del arroyo. Él sacó una piedra negra con un ojo de luz que reflejaba todos los matices del arco iris. Llevó el guijarro adentro de la casa y lo colocó sobre la repisa de la chimenea que cubría el fuego principal, y se olvidó por completo de él.

Pocos días después, el mismo viejo sacerdote vino a visitar al sucesor de Ali Hafed, y en el momento en que abrió la puerta del salón y vio ese destello de luz en la repisa de la chimenea, se apresuró a acercarse a ella y gritó:

—¡Aquí hay un diamante! ¿Ha vuelto Ali Hafed?

—Oh, no, Ali Hafed no ha regresado, y eso no es un diamante. No es más que una piedra que encontramos en nuestro propio jardín.

—Pero —dijo el sacerdote— le aseguro que reconozco un diamante cuando lo veo. Sé positivamente que es un diamante.

Entonces salieron juntos corriendo a ese viejo jardín y removieron las arenas blancas con sus dedos, y he aquí que surgieron otras gemas más hermosas y valiosas que la primera. "Así", me dijo el guía a mí y a mis amigos, y es históricamente cierto, "se descubrió la mina de diamantes de Golconda, la mina de diamantes más magnífica de toda la historia de

la humanidad, superando a la propia Kimberly".
El Kohinoor y el Orloff de las joyas de la corona
de Inglaterra y Rusia, las más grandes de la tierra,
salieron de esa mina.

Cuando ese viejo guía árabe me contó el segundo
capítulo de su historia, se quitó la gorra turca y la
movió en el aire para llamar mi atención sobre la
moraleja [...] "Si Ali Hafed hubiera permanecido
en su casa y cavado en su propio sótano, o debajo
de sus propios campos de trigo, o en su propio
jardín, en lugar de conocer la miseria, el hambre y
la muerte por suicidio en una tierra extraña, habría
tenido "acres de diamantes". Cada acre de esa vieja
granja, sí, cada palada, reveló después gemas que
desde entonces han decorado las coronas de los
monarcas".

Cuando él declaró la moraleja de su historia, vi
por qué la reservaba para "sus amigos especiales". Sin
embargo, no le dije que había captado la idea. Esta
era la manera en que el viejo árabe le daba vueltas
a un asunto como un abogado, diciendo indirecta-
mente lo que no se atrevía a expresar directamente,
que "en su opinión particular había un cierto joven
que en ese entonces viajaba por el río Tigris que
podría estar mejor en casa en Estados Unidos".

Deje de venderse tan barato. Usted es un diamante en bruto.
Las conmociones profundas bajo la superficie de la tierra empu-
jan hacia arriba el magma que contiene los diamantes. Los

diamantes pasan por el calor y la presión para convertirse en las preciadas joyas que son. Mientras más usted sea probado y probado, más luz reflejará. ¡Mientras más cosas supera, más valioso se vuelve![4]

Como escribió Daniel Defoe, autor de *Robinson Crusoe*: "El Alma es colocada en el Cuerpo como un Diamante en bruto, y debe ser pulida, o el Lustre de ella nunca aparecerá".[5]

La palabra *diamante* tiene su origen en el término griego *adamas*, que traducido significa "invencible".[6] Ser invencible incluye la idea de no ser conquistable. Cuando hablamos de individuos que son invencibles, significa que son resistentes, decididos, inamovibles, inquebrantables, resueltos y firmes.

Los golpes de la vida sacan a la superficie su verdadero valor y sus méritos escondidos. De los lugares de dificultad y presión, de los lugares rotos, surgirá su verdadero valor, inteligencia, dones y talentos.

Cuando las personas miran su vida y lo que Dios ha hecho por usted, nunca pueden imaginar lo que se necesita para llegar hasta aquí. La gente admira sus dones, habilidades, posición o estatus, pero nadie sabe lo que atravesó, a lo que se enfrentó y qué amigos lo traicionaron en el camino. No ven el rechazo, el juicio, la soledad, las caídas y los fracasos que superó. Nadie sabe con qué luchó, o cómo sonrió, bailó y levantó sus manos por fe. Nadie sabe que la fe fue el catalizador que lo hizo seguir adelante cuando darse por vencido parecía una buena opción. Su fe en Dios y sus promesas lo ha ayudado a soportar, sobre todo esta que aparece en Romanos 8:28: "Sabemos que a los que aman a Dios, todas las cosas les ayudan a bien, esto es, a los que conforme a su propósito son llamados".

Muchas personas están atrapadas en su pasado, endurecidas por las dificultades o amargadas por el quebrantamiento. Sin embargo, aquellos de nosotros que entendemos el proceso sabemos que somos transformados por medio de las pruebas. Como resultado de ellas usted resurge de la oscuridad, emergiendo del reino de lo común al reino de la distinción. Como un diamante exquisitamente engastado, su brillo divino es exhibido al mundo por Dios mismo. A través de años de intenso calor y presión extrema, el hollín comienza a dar paso a la belleza, el brillo y el valor. Soportar el calor y la presión, que transforma los carbones en quilates radiantes, es una hermosa metáfora de la fortaleza espiritual, mental y emocional que se requiere para que cualquiera se transforme de ordinario a extraordinario.[7]

UNA FÓRMULA DIVINA

La vida es como las matemáticas. ¡De acuerdo a 2 Pedro 1:2-10, si usted obtiene las fórmulas correctas, siempre saldrá ganando! Considere las ecuaciones que he listado a continuación, basadas en un texto que me fue enviado hace muchos años:

$2 + 4 = 6$

$5 + 1 = 6$

$6 - 0 = 6$

$6 + 0 = 6$

$8 - 2 = 6$

$7 - 1 = 6$

$$10 - 4 = 6$$

$$14 - 8 = 6$$

$$12 \div 2 = 6$$

$$18 \div 3 = 6$$

$$60 \div 10 = 6$$

$$6 \times 1 = 6$$

¿Cuál es la idea? La idea es que aunque los factores son diferentes en cada ecuación, cada una termina con la misma respuesta. Así también Dios usa muchas variaciones para llevarlo a donde Él quiere que esté. A veces usted añade cosas y personas a su vida. Otras veces tiene que eliminarlas. Puede llegar el momento en que necesite el efecto multiplicador de sembrar semillas, incluyendo cómo invierte sus semillas de tiempo, conocimiento y relaciones. Es posible que se requiera una división y separación posterior. No todas las ecuaciones de la vida serán divertidas de resolver. ¡Sin embargo, la suma, resta, multiplicación o división no resulta tan importante como en quién se convierte en el proceso! Por supuesto, obedecer la fórmula de Dios es siempre la mejor ecuación para usted.

El proceso puede diferir de persona a persona, pero el destino es siempre la perfección en Dios. Confíe en que Él sabe lo que es mejor para usted. No compare la ecuación de su vida con la de otra persona. El Señor no puede llevarlo por el mismo camino que llevó a sus padres, amigos o colegas. Cada una de nuestras vidas enfrenta diferentes tipos de desafíos. Lo que importa es obedecerlo para que llegue a su destino. Lo que el diablo concibió para lo peor, Dios puede transformarlo en lo mejor (Génesis 50:20; Deuteronomio 23:5; Romanos 8:28). ¡No se rinda en el proceso!

Aquí está la fórmula matemática de Dios para vivir una vida exitosa:

Que Dios les dé cada vez más gracia y paz a medida que crecen en el conocimiento de Dios y de Jesús nuestro Señor.

Mediante su divino poder, Dios nos ha dado todo lo que necesitamos para llevar una vida de rectitud. Todo esto lo recibimos al llegar a conocer a aquel que nos llamó por medio de su maravillosa gloria y excelencia; y debido a su gloria y excelencia, nos ha dado grandes y preciosas promesas. Estas promesas hacen posible que ustedes participen de la naturaleza divina y escapen de la corrupción del mundo, causada por los deseos humanos. En vista de todo esto, esfuércense al máximo por responder a las promesas de Dios complementando su fe con una abundante provisión de excelencia moral; la excelencia moral, con conocimiento; el conocimiento, con control propio; el control propio, con perseverancia; la perseverancia, con sumisión a Dios; la sumisión a Dios, con afecto fraternal, y el afecto fraternal, con amor por todos.

Cuanto más crezcan de esta manera, más productivos y útiles serán en el conocimiento de nuestro Señor Jesucristo; pero los que no llegan a desarrollarse de esta forma son cortos de vista o ciegos y olvidan que fueron limpiados de sus pecados pasados.

Así que, amados hermanos, esfuércense por comprobar si realmente forman parte de los que Dios ha llamado y elegido. Hagan estas cosas y nunca caerán.

—2 Pedro 1:2-10, ntv

A lo largo de este proceso divinamente ordenado, no se detenga a llorar o a sentir autocompasión o arrepentimiento. No se detenga en absoluto. Siga adelante. No mire su situación como si no tuviera esperanza. Recuerde, cada circunstancia contiene dentro de sí los bloques de construcción divinos que Dios usa para construir un futuro maravilloso para usted y sus seres queridos.

Usted es el factor esencial en el desarrollo del plan de Dios. No rechace la obra del Señor en su vida. No importa lo que se sume o reste, multiplique o divida por las experiencias de la vida, siempre saldrá ganando. ¡Su tarea es simplemente añadir fe a todas las ecuaciones, desafíos y problemas de la vida! Crea en Dios. ¡Crea en usted mismo y en su habilidad para vencer a través de Aquel que ya ha vencido!

UNA FRACCIÓN DE UN GRADO

Con el tiempo, la gente descubrió que el corte de precisión mejoraba el brillo de un diamante. Dios está trabajando en su vida con la misma precisión para sacar a relucir su brillantez. Como hemos visto, el primer capítulo de Génesis nos guía a través de un proceso de transformación divina. Este proceso ocurre con el tiempo, no todo de una vez. "Poco a poco los echaré de delante de ti, hasta que te multipliques y tomes posesión de la tierra" (Éxodo 23:30). ¡Si diariamente usted hace un pequeño cambio que no requiere mucho esfuerzo, al final del año habrá hecho trescientos sesenta y cinco cambios en su vida!

¿Ha oído hablar de la regla del uno por ciento? Un poco más de esfuerzo parece marcar una gran diferencia. Un cambio de un grado en la temperatura puede transformar el agua caliente en vapor, y con el vapor podemos alimentar una locomotora y generar energía eléctrica para iluminar toda una ciudad. En los Juegos Olímpicos de Pekín en 2008, Michael Phelps ganó los cien metros en nado estilo mariposa por una centésima de segundo, ganando su séptima medalla de oro.[8] El margen más estrecho de victoria en Indianápolis 500 en todas las carreras desde 1991 ha sido de solo 0,043 de segundo.[9] Una fracción de segundo fue determinante.

No me suscribo a la teoría de la evolución, pero me parece interesante que los científicos de la evolución digan que la diferencia genética entre un chimpancé y un ser humano es de solo 1,2 por ciento.[10] ¡Qué diferencia hace ese uno por ciento! Los seres humanos han diseñado formas de caminar en la luna y vivir en estaciones espaciales, algo que seguramente no podemos decir de los chimpancés. Al hacer solo un cambio del uno por ciento, usted puede crear el futuro que desea. Puede determinar su destino.

LA LEY DE LO ASOMBROSO

La fe devuelve lo asombroso a su vida. Dios declaró que todo lo que había hecho, su creación, era "bueno en gran manera". Hoy podríamos decir algo como: "¡Esto es asombroso!". Ejercite su habilidad para maravillarse, para ver lo maravilloso e impresionarse con las muchas cosas extraordinarias que están sucediendo a su alrededor. No dé por sentada la magnificencia de la vida. No se olvide de mirar al cielo de vez en cuando con asombro, no se duerma en medio de un hermoso amanecer o ignore una espectacular puesta de sol porque está viendo la televisión. Usted puede elegir hacerle lugar de nuevo a la admiración, la maravilla y el asombro en su vida. Esto es lo que enriquece su existencia. Y también puede ser lo que lo hace rico. Piense en todas las personas que tienen un blog o un pódcast que se han elevado a la categoría de celebridades debido a que son capaces de ver lo asombroso en lo que usted o yo descartamos como mundano.

Todo en su vida es como usted lo ve. En otras palabras, como a menudo se dice: "La belleza está en el ojo del que mira". ¡Mientras que una persona se lamenta por su ventilador de techo anticuado, otra se deleita por tener un techo! Usted puede elegir despertarse malhumorado en la mañana, o puede cantar al Señor con alegría "Oh, qué hermosa mañana" porque tienes ojos para ver mientras que otros pueden ser ciegos. Puede elegir saludar cada día maravillado por las tiernas misericordias de Dios, que son frescas y nuevas cada mañana. ¿Y por qué son así? ¡Porque Él lo ama cada día de nuevo como si fuera la primera vez! Él está asombrado por lo maravilloso y hermoso que es usted.

Dios lo ha hecho como un tesoro para este mundo, pero se necesita una fe alimentada por la esperanza para demostrarlo. Usted es el regalo de Dios para la humanidad, y la forma en que vive su vida es su regalo para Él. Le debe a Dios y a sí mismo desenterrar el tesoro de su potencial, destinado a la generación en la que ha nacido. Deje que su gloria resplandezca a través de usted "para que todos vean sus buenas obras y glorifiquen a su Padre, que está en los cielos" (Mateo 5:16, RVC). Deje que el mundo se asombre de que, a través de Él y por Él, usted se mantenga concentrado en medio de una serie de distracciones; tenga paz en medio de la confusión; esté prosperando en medio de la incertidumbre social, económica y nacional; tenga abundancia en medio de la carencia; tenga alegría en medio de los desafíos; tenga fuerza sobre la debilidad; haya sido bendecido y progresado a pesar de las insuperables probabilidades que tuvo que superar. Usted vence la tentación en vez de ser vencido por ella, escoge el bien sobre el mal, y el perdón en lugar de no perdonar. Estas son solo algunas de las maneras en que puede vivir una vida maravillosa y demostrar a otros lo asombroso que es su Dios.

Su éxito y su prosperidad han sido asegurados en Cristo, pero usted debe elegir acceder a ellos. Una cosa es orar, sin embargo, ¿está dispuesto a emplear la energía necesaria para disciplinarse y perseguir diligentemente la voluntad de Dios? "Sed hacedores de la palabra, y no tan solamente oidores, engañándoos a vosotros mismos" (Santiago 1:22).

Para conseguir lo que nunca ha tenido debe hacer lo que nunca ha hecho e ir a donde nunca ha estado. Así que redoble esfuerzos. Su próximo impulso puede ser el que lo haga avanzar esa fracción de segundo que lo conduce a su sueño. Todo lo que siempre quiso está fuera de su zona de comodidad. Nunca tenga miedo de hacer algo que nunca ha hecho antes.[11]

David nunca había peleado con un gigante antes de Goliat. Ester nunca había liberado a un pueblo de la limpieza étnica antes de tener que confrontar a Amán. Noé nunca había construido un arca antes de que el diluvio amenazara con la aniquilación total. Pedro nunca había caminado sobre el agua antes de que Jesús le dijera que se bajara de la barca. Moisés nunca había dividido un mar hasta que el mar Rojo se interpuso entre su pueblo y la libertad.

Nunca subestime la oportunidad que se encuentra dentro de su crisis. La película *Descubriendo a los Robinsons* termina con una cita de Walt Disney que dice: "Seguimos avanzando, abriendo nuevas puertas y haciendo cosas nuevas, porque somos curiosos [...] y la curiosidad nos sigue llevando por nuevos caminos".[12] Estos son caminos de innovación, imaginación, éxito y prosperidad. Dios dijo en Isaías 43:19: "He aquí que yo hago cosa nueva; pronto saldrá a luz; ¿no la conoceréis? Otra vez abriré camino en el desierto, y ríos en la soledad".

Recuerde, mientras más nos corta la vida, como a un diamante, más esplendorosos brillamos. Así como un diamante se cincela magistralmente para mostrar la belleza prismática de la luz radiante, así el maestro joyero está cortando y cincelando lo superfluo para que usted refleje su luz de manera más esplendorosa.

> Ustedes son la luz del mundo, como una ciudad
> en lo alto de una colina que no puede esconderse.
> Nadie enciende una lámpara y luego la pone debajo
> de una canasta. En cambio, la coloca en un lugar
> alto donde ilumina a todos los que están en la casa.
> De la misma manera, dejen que sus buenas acciones
> brillen a la vista de todos, para que todos alaben a
> su Padre celestial.
>
> —Mateo 5:14-16, ntv

• • •

Declaraciones

A TRAVÉS DE ESTE libro usted ha aprendido a controlar sus pensamientos, cultivar su grandeza, prepararse para su misión, y hablar las palabras creativas de Dios con fe. Tome una porción de estas declaraciones cada día y dígalas en voz alta. "La fe es por el oír, y el oír, por la palabra de Dios" (Romanos 10:17). Aumente su fe al escuchar estas palabras pronunciadas con su propia boca. Busque las Escrituras y hágalas suyas. Declare con confianza que Dios está de su parte y lo anima a que tenga éxito:

> Respóndeme, Jehová, porque benigna es tu mise-
> ricordia; mírame conforme a la multitud de tus
> piedades. No escondas de tu siervo tu rostro, porque
> estoy angustiado; apresúrate, óyeme. Acércate a mi
> alma, redímela; líbrame a causa de mis enemigos.
> —SALMOS 69:16-18

DECLARO ACERCA DE MI DÍA

Hoy me levanto en total dependencia de ti, dictaminando y declarando la cancelación de todos los malos decretos sobre mi año, mi vida, mi familia, mi negocio, mis posesiones, mis proyectos, mi propósito, mi vecindario, mi matrimonio, mi comunidad, mi gobierno y mi nación (Salmos 91:10).

Que cada decreto malvado sea reemplazado por tus planes originales y tu propósito para mi vida ahora (Isaías 14:26-27).

Estoy escondido en ti, Dios, morando en tu lugar secreto y protegido bajo tus alas. Por lo tanto, decreto que no les temo a las flechas de día ni al terror de noche. Tú les has encargado a los ángeles que me guarden en todos mis caminos (Salmos 91).

Decreto que este día estará lleno de discernimiento estratégico y decisiones sabias (Proverbios 12:5).

Decreto que este día se me dará acceso al poder, la fuerza, el consejo, el conocimiento y la perspicacia profética sobrenaturales (Isaías 11:2).

Decreto que cada hora de este día está llena de promesas y potencial (Eclesiastés 3:1).

Declaro luz para cada momento y comprendo mis necesidades, retos y problemas más apremiantes. Solo lo bueno puede salir de ellos. Solo cosas buenas y buenas dádivas vienen a mí del Padre de las luces (Santiago 1:17).

Padre, tú eres el Dios de la creación y la recreación. Por favor, restaura las áreas de mi vida que han sido devastadas, devaluadas o destruidas (Joel 2:25).

Haz hermosas todas las áreas que han sido arruinadas y alinea todas las áreas que han sido desalineadas (Eclesiastés 3:11).

Declaro paz para cada hora de mi día y proclamo que están llenas de avances sobrenaturales, favor extravagante, perspicacia y previsión milagrosas, y sabiduría divina. Ninguna oscuridad, confusión o temor prevalecerá contra la paz de Dios que guarda mi corazón y mi mente en Cristo (Colosenses 3:15).

Decreto y declaro que cada nuevo día traerá una victoria más dulce que el día anterior (Salmos 118:24-29).

Decreto que todo aquello en lo que ponga mi corazón y mis manos prosperará (Deuteronomio 16:15).

Este día estará marcado por un destino victorioso, saludable, lleno de paz, libre de ansiedad y definido por la gracia (Filipenses 1:6).

Declaro que viviré por siempre bajo un cielo abierto y moraré en medio del favor sobrenatural de Dios (Deuteronomio 11:13-15).

Me levanto hoy para tomar mi lugar legítimo arriba y no debajo, como cabeza y no cola (Deuteronomio 28:13).

Espero que me concedas una visión y estrategias sobrenaturales para trabajar, organizar mi tiempo, tomar decisiones y prosperar en esta misión que me has dado. Enséñame a contar mis días, para que pueda traer a mi corazón sabiduría (Salmos 90:12).

Llena mi mente con tu sabiduría, entendimiento, conocimiento y la revelación específica de lo que necesite hacer para darle gloria a tu nombre mientras emprendo cada tarea y paso cada prueba con tu gracia infinita y manifiesta. Quiero resplandecer en medio de la oscuridad (Mateo 5:16).

Se me han dado todas las cosas que pertenecen a la vida y la piedad, todo lo que necesito para tener éxito hoy (2 Pedro 1:3).

Permite que la sabiduría guíe mis asuntos. "Porque mejor es la sabiduría que las piedras preciosas; y todo cuanto se puede desear, no es de compararse con ella" (Proverbios 8:11).

Elijo atacar hoy con acciones deliberadas, basadas en la visión, las metas y mi sueño personal de hacer de este mundo un lugar mejor (Salmos 37:23).

Elijo vivir una vida dinámica. Me niego a usar excusas que empiecen a culpar a otros. Me niego a usar a los demás para obtener beneficios egoístas o como pretexto para las decisiones que tomo. Yo soy el que tomo mis decisiones, y por lo tanto decido descartar lo que no funciona para mí. Elijo confiar menos en los demás y más en ti. Elijo ser paciente con todos, así como espero lo mismo de ellos (Proverbios 3:31).

Decreto:

- que estoy libre del miedo y lleno de fe
- que tengo el poder para lograr lo que me has encomendado al ponerme aquí
- que me convertiré en todo lo que necesito ser en esta temporada

Hoy recibo sabiduría y nuevas estrategias para este nuevo tiempo en el que estoy (Eclesiastés 3:1-2).

- Me despido de la mentalidad de pobreza.
- Me despido de hacer malas decisiones.
- Me despido de los malos hábitos alimenticios y las conductas inapropiadas.

- Me despido de la enfermedad y las dolencias.
- Me despido de las adicciones.

Decreto esto:

- Mi misión está clara.
- Mi visión no está obstruida.
- Mis intenciones son puras.
- Mi motivación es sólida.
- Mi cuerpo, mente, alma y espíritu están sanos y fuertes.[1]

DECLARO TU AMOR POR MÍ

Todas las cosas obrarán juntas para mi bien, porque te amo (Romanos 8:28).

No hay nada bueno que quites de mi vida (Salmos 84:11).

Sé que estás a mi favor y no en mi contra (Romanos 8:31).

Sé que tus pensamientos con respecto a mí son solo buenos, y están diseñados para darme esperanza y un final asombroso (Jeremías 29:11).

Nunca olvido lo que dice tu Palabra, que no hay temor en el amor y que el amor perfecto echa fuera el temor (1 Juan 4:17-18).

Tu amor por mí es perfecto. Tú me amas tal como soy, y lo suficiente como para no dejarme tal como soy o abandonarme (Deuteronomio 31:6).

Quiero un nuevo nivel de intimidad contigo (Filipenses 3:10).

Te doy gracias por tu bondad amorosa, que es mejor que la vida (Salmos 63:3).

Me recuerdo a mí mismo diariamente que tu amor nunca falla (1 Corintios 13:8).

Te doy gracias por tu fidelidad aun cuando te he sido infiel (Deuteronomio 7:9).

Reafirmo que eres mi pastor (Salmos 23:1).

ELIJO TU VOLUNTAD

Cuando quitas cosas y personas de mi vida, tengo el poder por medio de tu Espíritu para dejarlas ir y confiar en ti durante el proceso (Mateo 10:39).

Muéstrame cómo vivir una vida saludable y hacer los cambios más eficaces y apropiados que producirán una vida sana (Génesis 1:26-31).

Muéstrame cómo evitar las trampas y vencer las tentaciones (2 Pedro 1:10-11).

Guíame por sendas de justicia (Salmos 23:3).

Muéstrame el camino de la vida. "En tu presencia hay plenitud de gozo; delicias a tu diestra para siempre" (Salmos 16:11).

- Muéstrame cómo vivir mi mejor vida.
- Muéstrame pasos prácticos para vivir una vida fructífera y llena de fe.
- Muéstrame cómo ser un mejor pensador crítico.

- Empodérame para avanzar en lugar de mirar hacia atrás.

- Dame valor para alejarme de cosas y personas que no son buenas para mí.

Estoy seguro de que suplirás todas mis necesidades de acuerdo a tus riquezas en gloria (Filipenses 4:19).

Tengo la mente de Cristo, el Espíritu de Cristo y la naturaleza de Cristo (1 Corintios 2:16).

Me rehúso a conformarme a este mundo, sino que soy transformado por la renovación de mi mente (Romanos 12:1-2).

No soy una víctima de las circunstancias.

- Elijo el enfoque sobre la distracción.

- Elijo la paz sobre la confusión.

- Elijo la vida sobre la muerte.

- Elijo la prosperidad sobre la pobreza.

- Elijo la abundancia sobre la escasez.

- Elijo la alegría sobre la tristeza.

- Elijo la fuerza sobre la debilidad.

- Elijo las bendiciones sobre las maldiciones.

- Elijo vencer la tentación en lugar de ser vencido por la tentación.

- Elijo el bien sobre el mal.

- Elijo el perdón antes que la falta de perdón.

- Elijo enfrentar todos los días con acciones deliberadas basadas en mi visión y mis objetivos.

Dame fuerza y claridad mental para que pueda identificar mi propósito, maximizar mi potencial y seguir el camino que has trazado para mí (2 Pedro 1:1-10).

Ayúdame a caminar en tu luz y a vivir mi vida con el poder y la gloria de tu reino (1 Juan 1:7).

DECLARO QUE CONFÍO EN TI

No estaré ansioso por nada (Filipenses 4:6-7).

A medida que avanzo hacia el llamado supremo de Dios en Cristo Jesús, confío en que la obra que empezaste en mí continuará (Filipenses 1:6; 3:14).

Permite que tu paz reine en mi mente, en mi familia, en mi lugar de trabajo, en mi negocio y con mis socios comerciales (1 Samuel 25:6).

Permite que tu paz vaya delante de mí cuando salga y permanezca conmigo en todo momento (Isaías 55:12).

Manda a tus ángeles a que cuiden de mí mientras duermo (Salmos 91:11).

Dame tu sabiduría y estrategias divinas para eliminar el estrés de mi vida (2 Corintios 13:11).

Cuando esté abrumado con las preocupaciones de la vida y no pueda encontrar mi equilibrio, sé mi Roca (Salmos 61:2).

Confío en tu poder amoroso y sé que sanarás cualquier estrés, tormento e inquietud. Tu fuerza se perfecciona en mi debilidad (2 Corintios 12:9).

Descanso en el Señor y lo espero pacientemente. No me preocupo por el que prospera en su camino, por el hombre que usa artimañas perversas. Dejo la ira y desecho el enojo (Salmos 37:7-8).

MI DECLARACIÓN DE INDEPENDENCIA DEL AYER

"Este momento es mi momento definitorio, marcando el final de una historia triste... deprimente... y desalentadora, y el comienzo de un destino próspero, libre de deudas, enfermedades y depresión"[2] (Deuteronomio 28:1-14).

Hoy es el día en el que me despido de:

- pensamientos contraproducentes
- inseguridad
- desprecio a mí mismo
- malas actitudes
- malos hábitos
- actividades contraproducentes
- adicciones
- permanecer en relaciones abusivas
- comprometer mis valores cristianos
- hábitos improductivos

- viejas formas de hacer las cosas que ya no funcionan
- decir sí cuando debería decir no
- permitir que la gente me maltrate
- maltratar a otros
- mediocridad y actividades "suficientemente buenas"
- falta de perdón
- resentimiento
- competencia desleal
- temor
- duda
- indiferencia
- sufrimiento
- desquite
- miedos y fobias
- cárceles autoimpuestas
- conformidad a la cultura popular
- ataduras malsanas del alma
- relaciones y situaciones tóxicas
- decisiones ineficaces o un proceso de toma de decisiones deficiente
- albergar sentimientos de culpa

- pensamientos que me persiguen a altas horas de la noche y dicen que no soy lo suficiente bueno

Declaro que me libero de:

- Las personas a las que le di prioridad, pero solo me consideraron una opción.

- Los jugadores de juegos y los bloqueadores del destino.

- Los asesinos de sueños.

- Los recuerdos inolvidables de aquellos que me lastimaron, me decepcionaron y me menospreciaron.

- Aquellos que no me trataron con respeto; los libero para que los reemplaces por aquellos que me tratarán con respeto.

- Los que me maltrataban, abusaban de mí y no merecían tenerme en sus vidas.

- Todos los que hicieron mi año más difícil, hicieron mi vida miserable y se interpusieron en el camino de mi éxito.

- Los que permití que me impidieran vivir la vida que has planeado para mí.

- Los que me impidieron soñar y atreverme a intentar cosas nuevas.

- Los que se rieron de mis intentos de vivir para ti, de amarte y servirte, Dios.

- La debilidad y las áreas de compromiso, "porque no hago el bien que quiero, sino el mal que no quiero, eso hago. Y si hago lo que no quiero, ya no lo hago yo, sino el pecado que mora en mí. Así que, queriendo yo hacer el bien, hallo esta ley: que el mal está en mí" (Romanos 7:19-21).

- El resentimiento por cada desafío que tuve que soportar y los momentos en que la debilidad de mi carne se apoderó de lo mejor de mí. Miro hacia atrás con gratitud, sabiendo que en mi debilidad tu fuerza se hizo perfecta. Por tanto, de buena gana me gloriaré más bien en mis debilidades, para que el poder de Cristo repose sobre mí (2 Corintios 12:9).

- La confusión interna y el dolor emocional que experimenté al amar a alguien que no me correspondía.

- El dolor que sentí por la traición, el abuso, el mal uso y el rechazo.

- El dolor por las desilusiones, rupturas y crisis emocionales, porque ahora sé que cada relación equivocada me está acercando un paso más a la correcta.

- Quedarme cuando debería haberme ido, porque me faltaba la confianza para estar a solas contigo. Ahora sé que está bien estar solo y que la solitud no es lo mismo que la soledad. También he aprendido que no tengo que

mantener relaciones en las que ayudar a los
demás me hace daño.

- Permanecer igual cuando sé que tengo que
cambiar para mejor y puedo hacerlo. Sé que
permanecer igual significa que me estoy adap-
tando. El cambio significa que ya no me
conformo. Así que decido ir y crecer y no volver
a conformarme nunca más.

- Todos mis "amigos" que me traicionaron, me
mintieron, compitieron conmigo, me socavaron
y esparcieron chismes sobre mí. Ellos sirvieron
como un ejemplo de la gente que debo evitar en
el futuro.

- Mis malos hábitos alimenticios y adicciones que
contribuyeron a socavar la salud óptima. Dame
una nueva estrategia de estilo de vida. Te agradezco por concederme gracia para hacer los
ajustes necesarios, la disciplina para adoptar
nuevos hábitos y decisiones sobre el estilo de
vida, y la voluntad para vivir una vida saludable.
Te agradezco por crear un ambiente saludable
en el cual vivir y por el compromiso de comer
sano y hacer más ejercicio. Me niego a ser una
persona sedentaria.

- Aquellos a quienes les di mi poder personal
cuando me perturbé, desconcerté y deprimí
después de descubrir que se reían de mis sueños.
Declaro que la frustración que sienta es ahora

el combustible que enciende mi motivación y el catalizador de la determinación.

- Todo y todos los que no estaban destinados a ser parte de mi vida. Confío en ti en todas las cosas. Sabes quién es y qué es mejor para mí.

- Las palabras que me lastimaron y que suenan como un disco rayado en mi cabeza. Corto las ataduras. Rechazo las palabras que no podía quitarme de encima y las palabras que creía que me definían. Decreto que por medio de tu Palabra, tu sangre y tu Espíritu toda atadura del alma y todo yugo es destruido.

- Vivir una vida de distracción, necedad, inmadurez e irresponsabilidad.

Declaro que hoy es el día en que me libero de mi pasado. Esta es mi declaración de independencia de mi pasado, porque aquel a quien el Hijo libera es verdaderamente libre (Juan 8:36).

Ayúdame a no repetir los errores del pasado, sino a aprender de ellos (Proverbios 8:12-21).

Ayúdame a tomar mejores decisiones (Salmos 25:4-5).

Decreto que no estableceré relaciones tóxicas nuevas basadas en estrategias relacionales viejas (1 Corintios 15:33-34).

No me quejaré del pasado, sino que por la fe activo las nuevas misericordias acordes a este nuevo tiempo, a estos nuevos desafíos y a este nuevo día (Lamentaciones 3:22-23).

Llena mi mente de sabiduría y del conocimiento de mi verdadera identidad (2 Corintios 5:17).

Decreto esto:

- Tengo el poder a fin de lograr aquello para lo que nací.

- Me convertiré en todo lo que nací para ser.

- No soy un incidente ni un accidente. No existe tal cosa como una coincidencia.

- Utilizo la libertad que me has dado para tomar buenas decisiones hoy que afectarán la realidad que experimentaré mañana.

- Reconozco que me has creado como un agente moral libre. Me doy cuenta de que mi destino está determinado por mis decisiones.

Vivo perdonado. Así que perdono para poder vivir sin tormento, arrepentimiento, culpabilidad y dolor. Tú dijiste en Filipenses 4:4-9: "Regocijaos en el Señor siempre. Otra vez digo: ¡Regocijaos! Vuestra gentileza sea conocida de todos los hombres. El Señor está cerca. Por nada estéis afanosos, sino sean conocidas vuestras peticiones delante de Dios en toda oración y ruego, con acción de gracias. Y la paz de Dios, que sobrepasa todo entendimiento, guardará vuestros corazones y vuestros pensamientos en Cristo Jesús. Por lo demás, hermanos, todo lo que es verdadero, todo lo honesto, todo lo justo, todo lo puro, todo lo amable, todo lo que es de buen nombre; si hay virtud alguna, si algo digno de alabanza, en esto pensad. Lo que aprendisteis y recibisteis y oísteis y visteis en mí, esto haced; y el Dios de paz estará con vosotros".

HE SIDO LIBERADO Y SANADO EN TI

Decreto que los sentimientos de vergüenza, temor y culpa no me alcanzarán ni me controlarán, sino que con tu ayuda y poder, venceré por medio de la sangre del Cordero y la palabra de mi testimonio (Isaías 54:4; Apocalipsis 12:11).

Ordeno que el temor, la vergüenza y la culpa se vayan en el nombre de Jesús (Romanos 8:1-2).

Sé que me has perdonado, así que hoy me perdono a mí mismo (1 Juan 2:12).

Cierro todas las puertas abiertas que me alejan de ti. Pongo barricadas en esas puertas y dejo a Satanás sin acceso a mi vida (Génesis 4:7).

Construye un cerco de protección a mi alrededor (Job 1:10).

Me arrepiento de toda rebelión y desobediencia en mi vida y elijo vivir una vida de obediencia y consagración a ti (2 Samuel 15:22).

Perdono a los que me lastiman (Mateo 6:14-15).

Te entrego todo el dolor y el trauma del pasado y te pido que me sanes (1 Pedro 5:7).

Cancelo los votos pasados y todas las palabras pronunciadas de manera inapropiada, ya sea que las haya proferido yo o me las hayan dicho a mí. "Pon guarda a mi boca, oh Jehová; guarda la puerta de mis labios. No dejes que se incline mi corazón a cosa mala, a hacer obras impías con los que hacen iniquidad" (Salmos 141:3-4).

Confieso en voz alta que Jesús ha cargado con todo pecado, herida y maldición por mí (Gálatas 3:13).

Renuncio a la cooperación con todo espíritu que ha oprimido y controlado mi vida, incluyendo todas las adicciones y la carnalidad. Recupero mi poder personal y afirmo mi autoridad espiritual ahora (Lucas 10:19).

Recibo mi liberación y te alabo, Dios, por tu amor incondicional. Decreto que soy liberado de toda forma de abuso.

- Estoy libre de abuso físico, psicológico, verbal, emocional y sexual; privación financiera o material; abuso institucionalizado; opresión social (exclusión intencional o no intencional de una actividad valiosa, prejuicio, negación del acceso a eventos/grupos comunitarios, o negación del acceso a amigos y familiares). Me libero de la discriminación ("actitudes opresivas y discriminatorias con respecto a la discapacidad de una persona, incluyendo la discapacidad física o de aprendizaje, la enfermedad mental o el impedimento sensorial; la raza, la edad, el género, la religión y el origen cultural"[3]).

- Afirmo que todas las personas son iguales y están dotadas de derechos inalienables que incluyen la vida; la libertad; el acceso; y la búsqueda de sueños, metas, visión, propósito y potencial.

Haz que mis enemigos estén en paz conmigo (Proverbios 16:7).

Concédeme paz mental y calma mi corazón turbado (Juan 14:1).

Cuando mis emociones actúan como aguas turbulentas, trae paz a mi alma (Salmos 55:18).

En mis horas más oscuras, recuérdame que mi éxito está en camino. Necesito tu luz, Señor, en todo sentido. Que la luz de tu gloria llene mi alma (Salmos 119:105; 2 Corintios 4:6).

"Mas la senda de los justos es como la luz de la aurora, que va en aumento hasta que el día es perfecto. El camino de los impíos es como la oscuridad; no saben en qué tropiezan" (Proverbios 4:18-19).

Tengo una gran paz, porque te amo, y nada me dañará ni me hará daño (Salmos 119:165).

Reclamo mi paz que sobrepasa todo entendimiento humano (Filipenses 4:7).

Cuando esté lleno de ansiedad, temor y preocupación, recuérdame que no me has dado el espíritu de cobardía, sino de poder, amor y dominio propio (2 Timoteo 1:7).

SOY LIBRE EN CRISTO

El ladrón no puede robar, matar o destruir. Tengo vida abundante en Cristo (Juan 10:10).

Soy libre realmente, porque Cristo me ha liberado (Juan 8:36).

Soy justificado gratuitamente por su gracia mediante la redención en Cristo Jesús (Romanos 3:24).

No estoy bajo ninguna condenación, porque estoy en Cristo Jesús. No camino según la carne, sino conforme al Espíritu (Romanos 8:1).

En Cristo Jesús soy libre del pecado y la muerte (Romanos 8:2).

He sido vivificado en Cristo (1 Corintios 15:22).

Dios me ha ungido y establecido en Cristo (2 Corintios 1:21).

Dios siempre me lleva en triunfo en Cristo (2 Corintios 2:14).

Soy una nueva creación en Cristo; las cosas viejas pasaron, y todo ha sido hecho nuevo (2 Corintios 5:17).

Soy un hijo de Dios a través de la fe en Jesús (Gálatas 3:26).

Mi pasado es pasado, y me despido de él. Dios se ha llevado mi pecado tan lejos como el este está del oeste (Salmos 103:12).

Me olvido de las cosas que están detrás y me acerco a mi futuro, al premio de mi llamamiento en Cristo (Filipenses 3:13).

He sido sepultado con Cristo por medio del bautismo, así que algún día resucitaré con Él (Romanos 6:4).

En el futuro, cuando me sienta paralizado y atrapado sin salida, sé por experiencia pasada que harás un camino (Isaías 51:10).

Siempre me ayudarás a encontrar la manera de salir de las situaciones difíciles que amenazan con socavar mi propósito o mi verdadera identidad en Cristo (Salmos 91:3).

Es posible que me haya alejado de ti en el proceso de alejarme de otros. Perdóname por eso (Salmos 73:28).

Haz que mis enemigos estén en paz conmigo (Prov. 16:7).

Declaro que viviré para siempre bajo un cielo abierto. Estoy firme en la libertad con que Cristo me ha hecho libre, y me rehúso a enredarme de nuevo con el yugo de la esclavitud (Gálatas 5:1).

Ordénales a tus ángeles que cuiden de mí mientras duermo (Salmos 91:11).

Concédeme paz mental y calma mi corazón turbado (Juan 14:1).

Dame tu sabiduría y estrategias divinas para eliminar el estrés de mi vida (2 Corintios 13:11).

Cuando mis emociones actúan como aguas turbulentas, trae paz a mi alma (Salmos 55:18).

Cuando estoy abrumado con los problemas de la vida y no puedo encontrar mi equilibrio, sé mi Roca (Salmos 61:2).

Confío en tu poder amoroso, y sé que me sanarás y librarás de todo estrés, tormento y malestar. En mi debilidad, tu poder se perfecciona (2 Corintios 13:9).

En mis horas más oscuras, recuérdame que mi éxito está en camino. Necesito tu luz, Señor, en todo sentido. Que la luz de tu gloria llene mi alma (2 Corintios 4:6).

Ayúdame a caminar en la luz de tu amor y sabiduría, y a vivir mi vida con el poder y la gloria de tu reino (1 Juan 1:7).

TENGO PODER EN TI

Confío en tu poder, que actúa poderosamente en mí (Colosenses 1:29).

Haz que tus prioridades se conviertan en las mías, mientras me restauras con una energía renovada (Salmos 119:37).

Permite que mi trabajo sea energizado por la fe y mi servicio esté motivado por el amor, la esperanza y la fe inquebrantable en ti (1 Tesalonicenses 1:3).

Cuando no sé qué hacer, tu Espíritu me guiará (Juan 16:13).

No lucharé con nadie por lo que ya me pertenece. No necesito competir con nadie. En vez de ser engañado para creer que alguien quiere tomar mi lugar, recordaré que mi lugar no puede ser ocupado (Juan 14:1-2).

No tengo necesidad de ser perturbado o desequilibrado emocionalmente por parte de aquellos que intentan socavar mi propósito. En vez de eso, elijo verlos como individuos que desean hacer más y parecerse más a mí, pero que pueden carecer de la estrategia para entender cómo conseguir lo que quieren sin luchar. Oro para que sean capaces de lograrlo.

Desecho el orgullo, la arrogancia, la competencia insana, la negatividad, la crítica y el cinismo al abrazar mi verdadera identidad (Colosenses 3:3-4).

Me niego a perder mi identidad, mi individualidad y mi autenticidad al actuar como un tonto o complacer a las personas. Me niego a ser una copia pobre de alguien más y afirmo mi identidad en Cristo Jesús. He sido hecho de forma asombrosa y maravillosa. Soy una nueva criatura en Cristo Jesús (Salmos 139:14-17; 2 Corintios 5:17).

Con tu ayuda alcanzaré mi máximo potencial en ti (Efesios 1:5,11).

No me has dado un espíritu de temor, sino de poder, amor y dominio propio. Por lo tanto, no puedo rendirme, y no lo haré, a ninguna de las emociones que siento ahora mismo (2 Timoteo 1:7).

No me dejo mover fácilmente de mi modo de pensar (2 Tesalonicenses 2:2).

Concédeme conforme a las riquezas de tu gloria que sea fortalecido y energizado espiritualmente con poder a través de tu Espíritu que mora en mi ser más íntimo y mi personalidad (Efesios 3:16).

Soy más que vencedor en Cristo (Romanos 8:37).

Ningún arma forjada contra mí prosperará mientras permanezca bajo la sombra de tus alas (Isaías 54:17).

"Delante de Jehová serán quebrantados sus adversarios, y sobre ellos tronará desde los cielos; Jehová juzgará los confines de la tierra, dará poder a su Rey, y exaltará el poderío de su Ungido". Yo decreto que mi poderío es exaltado (1 Samuel 2:10).

Por fe, tendré éxito atrayendo hacia mí las virtudes, fuerzas y recursos que deseo usar, e invitaré a otras personas que trabajan conmigo a cooperar para hacer lo mismo (Hebreos 11:1-6).

Cambio mi actitud hacia la vida y mi forma de pensar con respecto a mí mismo, para que estén alineadas con Filipenses 4:8: "Todo lo que es verdadero, todo lo honesto, todo lo justo, todo lo puro, todo lo amable, todo lo que es de buen nombre; si hay virtud alguna, si algo digno de alabanza, en esto pensad".

Yo elijo:

- bendiciones, no maldiciones (Deuteronomio 30:19).

- la vida, no la muerte. "El ladrón no viene sino para hurtar y matar y destruir; yo he venido para que tengan vida, y para que la tengan en abundancia" (Juan 10:10).

- abundancia, no escasez. Permite que los ojos de mi entendimiento sean iluminados, para que pueda saber cuál es la esperanza de mi llamado, y cuáles son las riquezas de la gloria de tu herencia en los santos, y cuál es la grandeza de tu poder para con nosotros, los creyentes, según la operación del poder de tu fuerza (Efesios 1:18-19).

- el éxito sobre el fracaso. Me doy cuenta de que la gente exitosa apenas está comenzando cuando el fracaso se ha dado por vencido (Proverbios 24:16).

- el enfoque sobre las distracciones (Proverbios 31:25-27).

"Bendito sea el Dios y Padre de nuestro Señor Jesucristo, que nos bendijo con toda bendición espiritual en los lugares celestiales en Cristo, según nos escogió en él antes de la fundación del mundo, para que fuésemos santos y sin mancha delante de él, en amor habiéndonos predestinado para ser adoptados hijos suyos por medio de Jesucristo, según el puro afecto de su voluntad, para alabanza de la gloria de su gracia, con la cual nos hizo aceptos en el Amado, en quien tenemos redención por su sangre, el perdón de pecados según las riquezas de su gracia, que hizo sobreabundar para con nosotros en toda sabiduría e inteligencia, dándonos a conocer el misterio de su voluntad, según su beneplácito, el cual se había propuesto en sí mismo" (Efesios 1:3-9).

Yo decreto Deuteronomio 28:1-14 sobre mi vida:

> Acontecerá que si oyeres atentamente la voz de Jehová tu Dios, para guardar y poner por obra todos sus mandamientos que yo te prescribo hoy, también Jehová tu Dios te exaltará sobre todas las naciones de la tierra. Y vendrán sobre ti todas estas bendiciones, y te alcanzarán, si oyeres la voz de Jehová tu Dios. Bendito serás tú en la ciudad, y bendito tú en el campo. Bendito el fruto de tu vientre, el fruto de tu tierra, el fruto de tus bestias, la cría de tus vacas y los rebaños de tus ovejas. Benditas serán tu canasta y tu artesa de amasar. Bendito serás en tu entrar, y bendito en tu salir. Jehová derrotará a tus enemigos que se levantaren contra ti; por un camino saldrán contra ti, y por siete caminos huirán de delante de

ti. Jehová te enviará su bendición sobre tus graneros, y sobre todo aquello en que pusieres tu mano; y te bendecirá en la tierra que Jehová tu Dios te da. Te confirmará Jehová por pueblo santo suyo, como te lo ha jurado, cuando guardares los mandamientos de Jehová tu Dios, y anduvieres en sus caminos. Y verán todos los pueblos de la tierra que el nombre de Jehová es invocado sobre ti, y te temerán. Y te hará Jehová sobreabundar en bienes, en el fruto de tu vientre, en el fruto de tu bestia, y en el fruto de tu tierra, en el país que Jehová juró a tus padres que te había de dar. Te abrirá Jehová su buen tesoro, el cielo, para enviar la lluvia a tu tierra en su tiempo, y para bendecir toda obra de tus manos. Y prestarás a muchas naciones, y tú no pedirás prestado. Te pondrá Jehová por cabeza, y no por cola; y estarás encima solamente, y no estarás debajo, si obedecieres los mandamientos de Jehová tu Dios, que yo te ordeno hoy, para que los guardes y cumplas, y si no te apartares de todas las palabras que yo te mando hoy.

Haré declaraciones y emprenderé iniciativas que estén alineadas con mi visión, metas y propósito (Job 22:28).

He escrito claramente una descripción de mi propósito, meta y misión definitivos en la vida, y nunca me detendré hasta que haya desarrollado suficientes habilidades, dones, capacidades, talentos, recursos, redes, patrocinios, relaciones, asociaciones, oportunidades, capacitación, desarrollo y confianza en quién y de quién soy, en todo lo que estoy destinado a ser y hacer, para lograr y cumplir la vida de mis sueños (Habacuc 2:2-3).

Elijo dirigir y no seguir, porque soy cabeza y no cola, soy el primero y no el último, y estoy solo arriba y no abajo (Deuteronomio 28:13).

Padre, cuando tenga éxito, te daré gracias. Si fallo, caigo o flaqueo, me levantaré de inmediato con nueva fuerza. Aprenderé de mis errores y pasos en falso y buscaré la gracia de Dios para una estrategia alternativa (Efesios 5:20).

DECLARO MI ADORACIÓN POR TI

Declaro:

> "De las misericordias de Jehová haré memoria, de las alabanzas de Jehová, conforme a todo lo que Jehová nos ha dado, y de la grandeza de sus beneficios hacia la casa de Israel, que les ha hecho según sus misericordias, y según la multitud de sus piedades" (Isaías 63:7).

> "Y a Aquel que es poderoso para hacer todas las cosas mucho más abundantemente de lo que pedimos o entendemos, según el poder que actúa en nosotros, a él sea gloria en la iglesia en Cristo Jesús por todas las edades, por los siglos de los siglos" (Efesios 3:20-21).

Amén.

NOTAS

— ◆ ◆ ◆ —

INTRODUCCIÓN

1. Robyn Castellani, "Want to Change Your Life? Change Your Narrative. Here's How", *Forbes*, 17 de julio de 2018, https://www.forbes.com/sites/break-the-future/2018/07/17/want-to-change-your-life-change-your-narrative-heres-how/#6632c3781a9f.
2. Castellani, "Want to Change Your Life?".
3. Kelly McGonigal, *The Upside of Stress* (Nueva York: Avery, 2015), p. 27.
4. Lea *¡Hola, mañana!* para aprender más.

CAPÍTULO 1: PONGA LO PRIMERO EN PRIMER LUGAR

1. Fritz Chery, "Atheism", Bible Reasons, 23 de junio de 2018, https://biblereasons.com/atheism.
2. Chery, "Atheism".
3. Blue Letter Bible, s.v. *"re'shiyth"*, consultado el 19 de septiembre de 2019, https://www.blueletterbible.org/lang/lexicon/lexicon.cfm?Strongs=H7225&t=KJV.
4. Lea *Declara bendición sobre tu día* para aprender más.
5. Arnold Bennett, *How to Live on Twenty-Four Hours a Day* (Nueva York: George H. Doran Co., 1910), pp. 27-28.
6. Blue Letter Bible, s.v. *"bara'"*, consultado el 19 de septiembre de 2019, https://www.blueletterbible.org/lang/lexicon/lexicon.cfm?Strongs=H1254&t=KJV.
7. Vea *Reclaim Your Soul* para aprender cómo.
8. Vea *The Prosperous Soul* para aprender más.
9. Lea *¡Hola, mañana!* para aprender cómo puede establecer una visión para su vida.
10. Inscríbase en Kingdom School of Ministry en kingdomu.net.

CAPÍTULO 2: EMPIECE DONDE ESTÁ

1. Michael Jacob, "Genesis and Genealogy", Word of God International Ministries, consultado el 22 de octubre de 2019, http://www.wogim.org/gengeo.htm.

2. Robert Greene, *The Laws of Human Nature* (Nueva York: Viking, 2018), pp. 72-75. Existe una edición en español con el título *Las leyes de la naturaleza humana*.

3. Greene, *The Laws of Human Nature*, pp. 74-75.

4. Viktor E. Frankl, *Man's Search for Meaning*, trad. Ilse Lasch (Boston: Beacon Press, 2017), p. 111.

5. Para más información sobre estos temas, consulte mis libros éxitos de ventas *Commanding Your Morning* y *¡Hola, mañana!*

6. Caroline Leaf, "How Prayer Affects the Brain", Dr. Leaf, 1 de junio de 2015, https://web.archive.org/web /20151013034705/http://drleaf.com/blog/how-prayer -affects-the-brain/.

7. Caroline Leaf, *Switch on Your Brain (Grand Rapids, MI: Baker Books, 2013), p. 28.*

8. Leaf, "How Prayer Affects the Brain".

9. Vea *Reclaim Your Soul* para aprender a liberarse de las ataduras emocionales del alma.

10. Parafraseado de *American Dictionary of the English Language Webster's Dictionary 1828*, s.v. "blessed" [bien-aventurado], consultado el 22 de octubre de 2019, http://webstersdictionary1828.com/Dictionary/blessed y *Merriam-Webster*, s.v. "blessed", consultado el 22 de octubre de 2019, https://www.merriam-webster.com/dictionary /blessed.

11. Blue Letter Bible, s.v. *"Ziklag"*, consultado el 22 de octubre de 2019, https://www.blueletterbible.org/lang/Lexicon /Lexicon.cfm?strongs=H6860&t=KJV.

12. Matt Schudel, "H. Wayne Huizenga, Florida Billionaire and Sports Franchise Owner, Dies at 80", *Washington Post*, 23 de marzo de 2018, https://www.washingtonpost.com /local/obituaries/h-wayne-huizenga-florida-billionaire-and -sports-franchise-owner-dies-at-80/2018/03/23/813dfafc -2eae-11e8-8ad6-fbc50284fce8_story.html.

13. Steven Almond, "Citizen Wayne—The Unauthorized Biography", *Miami New Times* 9, no. 33 (1-7 de diciembre de 1994), http://www.corporations.org/wmi/huizenga.html.

CAPÍTULO 3: SEPARADO, SEPARADO, SEPARADO

1. Online Etymology Dictionary, s.v. "discern" [discernir], consultado el 22 de octubre de 2019, https://www.ety monline.com/word/discern#etymonline_v_11382.

2. Para más sobre este tema, lea *The 40 Day Soul Fast*.

3. Blue Letter Bible, s.v. "*hagiazō*", consultado el 22 de octubre de 2019, https://www.blueletterbible.org/lang /lexicon/lexicon.cfm?Strongs=G37&t=KJV.

4. Henry Morris, "Dividing Light From Darkness", *Days of Praise*, Instituto para la Investigación de la Creación, 9 de marzo de 2008, https://www.icr.org/article/dividing-light -from-darkness/.

5. Cindy Trimm, *¡Hola, mañana!* (Lake Mary, FL: Charisma House, 2018), p. 114.

CAPÍTULO 4: PONGA ORDEN EN SU VIDA

1. Mike Vance y Diane Deacon, *Think Out of the Box* (Franklin Lakes, NJ: Career Press, 1995), p. 58, https:// www.amazon.com/Think-Out-Box-Mike-Vance/dp /1564141861.

2. Tom Harris, "How Whales Work", HowStuffWorks, consultado el 22 de octubre de 2019, https://animals .howstuffworks.com/mammals/whale.htm.

3. Rick Warren, *The Purpose Driven Life* (Grand Rapids, MI: Zondervan, 2003), p. 228.

CAPÍTULO 5: ELIJA EL POTENCIAL POR ENCIMA DE LOS PROBLEMAS

1. Winston Churchill, *Churchill: The Power of Words*, ed. Martin Gilbert (Boston: Da Capo Press, 2012), pp. 7-8.
2. Shiza Shahid, ""Malala Is a Miracle": A Friend's Tribute to Clinton Global Citizen Award Recipient Malala Yousafzai", HuffPost, actualizado el 27 de noviembre de 2013, https://www.huffpost.com/entry/malala-is-a-miracle-a -tri_b_4005636.
3. Inscríbase en Kingdom Economics and Biblical Finance [Economía del Reino y Finanzas Bíblicas] para un estudio profundo de la semilla.
4. Oxford Dictionaries, s.v. "potential" [potencial], consultado el 22 de octubre de 2019, https://en.oxforddictionaries.com /definition/potential.
5. Esta cita se atribuye a menudo a Winston Churchill, pero se desconocen sus orígenes. Ver Richard M. Langworth, *Winston Churchill, Myth and Reality: What He Actually Did and Said* (Jefferson, NC: McFarland & Company, Inc. Publishers, 2017), p. 216.

CAPÍTULO 6: ENTIENDA EL PODER DEL TIEMPO

1. Las variaciones de esta cita están circulando en Internet. Una cita similar se atribuye a Marc Levy, "Marc Lévy Coffret 2 Volumes Quotes", Good Reads, consultado el 15 de octubre de 2019, https://www.goodreads.com /quotes/969007-if-you-want-to-know-the-value-of-one-year.
2. John Bradshaw, *The Letters of Philip Dormer Stanhope, Earl of Chesterfield, With the Characters* (London: Swan Sonnenschein & Co., 1892), p. 302.

3. *Merriam-Webster*, s.v. "undivided" [indivisible], consultado el 15 de octubre de 2019, https://www.merriam-webster .com/dictionary/undivided.

4. E. M. Bounds, *Purpose in Prayer* (Nueva York: Fleming H. Revell Company, 1920), p. 21.

5. Visita www.endyouryearstrong.com para aprender más.

6. Lea ¡*Hola mañana!* para aprender más.

7. Visite www.trimmcoaching.com para aprender más.

CAPÍTULO 7: SEA IMPULSADO POR UN PROPÓSITO

1. Russell H. Conwell, "The History of Fifty-Seven Cents", sermón, 1 de diciembre de 1912, https://library.temple.edu /pages/46.

2. Blue Letter Bible, s.v. "*pro*", consultado el 23 de octubre de 2019, https://www.blueletterbible.org/lang/lexicon/lexicon .cfm?strongs=G4253&t=KJV.

3. Blue Letter Bible, s.v. "*horizō*", consultado el 23 de octubre de 2019, https://www.blueletterbible.org/lang/lexicon /lexicon.cfm?strongs=G3724&t=KJV.

4. Blue Letter Bible, s.v. "*proorizō*", consultado el 23 de octubre de 2019, https://www.blueletterbible.org/lang/lexicon /lexicon.cfm?Strongs=G4309&t=KJV.

5. Blue Letter Bible, s.v. "*palah*", consultado el 23 de octubre de 2019, https://www.blueletterbible.org/lang/lexicon /lexicon.cfm?Strongs=H6395&t=KJV.

6. Blue Letter Bible, s.v. "*pala'*", consultado el 23 de octubre de 2019, https://www.blueletterbible.org/lang/lexicon /lexicon.cfm?Strongs=H6381&t=KJV.

7. Joel F. Drinkard Jr., "Number Systems and Number Symbolism", *Holman Illustrated Bible Dictionary*, ed. Chad Brand (Nashville: B & H Publishing Group, 2015), p. 1169.

8. Tim Sharp, "2019 Moon Phases Calendar", 10 de abril de 2019, https://www.space.com/18880-moon-phases.html.

9. *Discurso del muy honorable Benjamín Disraeli, miembro del parlamento, en el banquete de la Unión Nacional de Asociaciones Conservadoras y Constitucionales en el Palacio de Cristal, el lunes 24 de junio de 1872* (Londres: R. J. Mitchell and Sons, 1872), p. 11.

10. Kare Anderson, "Who Packs Your Parachute?", *Forbes*, 18 de noviembre de 2015, https://www.forbes.com /sites/kareanderson/2015/11/18/who-packs-your -parachute/#67a75249717d.

11. Amy Morin, *13 Things Mentally Strong People Don't Do* (Nueva York: Harper Collins, 2014).

12. Morin, *13 Things Mentally Strong People Don't Do*, vii-viii.

13. Morin, *13 Things Mentally Strong People Don't Do*, p. 9.

14. Morin, *13 Things Mentally Strong People Don't Do*.

15. "Marie Curie the Scientist", Marie Curie, consultado el 23 de octubre de 2019, https://www.mariecurie.org.uk/who /our-history/marie-curie-the-scientist.

CAPÍTULO 8: PRACTIQUE EL ARTE DE LA ABUNDANCIA

1. Daniel Lapin, *Thou Shall Prosper: Ten Commandments for Making Money* (Hoboken, NJ: John Wiley & Sons Inc., 2002), p. 150.

2. Lapin, *Thou Shalt Prosper*, p. 150.

3. Visite www.trimmfoundation.org para aprender más.

4. "The Multiplier Effect of Local Independent Businesses", American Independent Business Alliance, consultado el 23 de octubre de 2019, https://www.amiba.net/resources /multiplier-effect/.

5. Fareed Zakaria y Lee Kuan Yew, "Culture Is Destiny: A Conversation With Lee Kuan Yew", *Foreign Affairs* 73, no. 2 (1994), pp. 113-114.

CAPÍTULO 9: DESARROLLE UNA MENTALIDAD DE DOMINIO

1. Steve Hartman, "The Other Team's View of the Ohio Miracle Game", CBS Interactive Inc., 7 de noviembre de 2014, https://www.cbsnews.com/news/the-other-team/.
2. Hartman, "The Other Team's View of the Ohio Miracle Game".
3. Hartman, "The Other Team's View of the Ohio Miracle Game".
4. Paul Daugherty, "Facing Death, Lauren Hill Teaches Us Life Lessons", *USA Today*, 26 de octubre de 2014, https://www.usatoday.com/story/sports/ncaaw/2014/10/26/womens-basketball-lauren-hill-cancer-life-lessons/17959745/.
5. Hartman, "The Other Team's View of the Ohio Miracle Game".
6. Hartman, "The Other Team's View of the Ohio Miracle Game".
7. Abby Philip, "Lauren Hill, Who Was Determined to Play College Basketball Despite Cancer, Dies At 19", *Washington Post*, 10 de abril de 2015, https://www.washingtonpost.com/news/early-lead/wp/2015/04/10/former-mount-st-josephs-basketball-player-lauren-hill-dies-of-brain-cancer-at-19/?noredirect=on.
8. Blue Letter Bible, s.v. "*Tso'ar*", consultado el 23 de octubre de 2019, https://www.blueletterbible.org/lang/lexicon/lexicon.cfm?Strongs=H6820&t=NKJV.
9. Donald McRae, "Felix Baumgartner: 'I Hope I Can Make Fear Cool'", *The Guardian*, 2 de noviembre de 2012, https://www.theguardian.com/sport/2012/nov/03/felix-baumgartner-space-jump-interview.
10. Tim Lamont, "Skydiving From the Edge of Space: Can a Human Break the Sound Barrier?", *The Guardian*, 4 de septiembre de 2010, https://www.theguardian.com

/science/2010/sep/05/felix-baumgartner-michel-fournier
-supersonic.

11. Lamont, "Skydiving From the Edge of Space".

12. McRae, "Felix Baumgartner".

13. John Tierney, "24 Miles, 4 Minutes and 834 M.P.H., All in One Jump", 14 de octubre de 2012, https://www.ny times.com/2012/10/15/us/felix-baumgartner-skydiving .html.

14. Tierney, "24 Miles, 4 Minutes and 834 M.P.H., All in One Jump".

15. Tierney, "24 Miles, 4 Minutes and 834 M.P.H., All in One Jump".

16. McRae, "Felix Baumgartner".

17. McRae, "Felix Baumgartner".

CAPÍTULO 10: NO SE QUEJE; CREE

1. Sara Terry, "Genius at Work", Fast Company, 31 de agosto de 1998, https://www.fastcompany.com/34692/genius-work.

2. Terry, "Genius at Work".

3. John Brant, "What One Man Can Do", Manuseto Ventu- res, 1 de septiembre de 2005, https://www.inc.com /magazine/20050901/bill-strickland.html.

4. Terry, "Genius at Work".

5. Terry, "Genius at Work".

6. Terry, "Genius at Work".

7. Brant, "What One Man Can Do".

8. Kevin Kearns et al., "Bill Strickland and the Manchester Bidwell Corporation", Instituto Johnson para el Liderazgo Responsable, otoño de 2016, http://www.johnson institute-gspia.org/Portals/25/PDFs/Bill_Strickland. pdf?ver=2016-12-21-131152-743.

9. Brant, "What One Man Can Do".

10. Brant, "What One Man Can Do".

11. Terry, "Genius at Work".
12. Brant, "What One Man Can Do".
13. Terry, "Genius at Work".
14. Brant, "What One Man Can Do".
15. Brant, "What One Man Can Do".
16. "Bill Strickland: Rebuilding a Neighborhood With Beauty, Dignity, Hope", Conferencias TED LLC, febrero de 2002, https://www.ted.com/talks/bill_strickland_makes_change _with_a_slide_show?language=en#t-2069821.
17. *Merriam-Webster*, s.v. "create" ["crear"], consultado el 23 de octubre de 2019, https://www.merriam-webster.com /dictionary/create.
18. *Merriam-Webster*, s.v. "create".

CAPÍTULO 11: MANTENGA VIVA LA ESPERANZA

1. Mantenga viva la esperanza
2. "Living With Hope", Sociedad Henri Nouwen, 16 de enero de 2019, https://henrinouwen.org/meditation/living-with -hope/.
3. Dallas Willard, "Willard Words", Ministerios Dallas Willard, consultado el 24 de octubre de 2019, http://old .dwillard.org/resources/WillardWords.asp.
4. Brennan Manning, *Abba's Child: The Cry of the Heart for Intimate Belonging* (Colorado Springs, CO: NavPress, 2015), p. 87.
5. "Galileo Galilei Quotes", Goodreads, consultado el 23 de octubre de 2019, https://www.goodreads.com /quotes/64597-all-truths-are-easy-to-understand-once -they-are-discovered.
6. Jacoba Urist, "What the Marshmallow Test Really Teaches About Self-Control", *The Atlantic*, 24 de septiembre de 2014, https://www.theatlantic.com/health/archive/2014/09

/what-the-marshmallow-test-really-teaches-about-self
-control/380673/.

7. James Clear, "40 Years of Stanford Research Found That
People With This One Quality Are More Likely to
Succeed", James Clear, consultado el 22 de octubre de 2019,
https://jamesclear.com/delayed-gratification.

8. "Alphonse Karr Quotes" Goodreads.com, consultado el 23
de octubre de 2019, https://www.goodreads.com
/quotes/67318-we-can-complain-because-rose-bushes
-have-thorns-or-rejoice.

9. Richard Sandomir, "Johan van Hulst, Who Helped
Save 600 Children From the Nazis, Dies at 107", *New
York Times*, 1 de abril de 2018, https://www.nytimes.
com/2018/04/01/obituaries/johan-van-hulst-who-helped
-save-600-children-from-the-nazis-dies-at-107.html.

10. Rose Eveleth, "Pessimists Live Longer Than Optimists",
Smithsonian.com, 28 de febrero de 2013, https://www
.smithsonianmag.com/smart-news/pessimists-live-longer
-than-optimists-525.

CAPÍTULO 12: EXPERIMENTE EL ASOMBRO

1. "Astronomers Capture First Image of a Black Hole",
National Science Foundation, 10 de abril de 2019, https://
www.nsf.gov/news/news_summ.jsp?cntn_id=298276,
consultado el 23 de octubre de 2019.

2. Para una guía con el fin de rejuvenecer su alma, vea *The 40
Day Soul Fast*.

3. Russell Herman Conwell y Robert Shackleton, *Acres of
Diamonds* (New York: Harper & Brothers Publishers,
1915), pp. 3-9.

4. Ver mi libro *Prevail para más sobre este tema*.

5. James T. Boulton ed., *Selected Writings of Daniel Dafoe*
(Londres: Cambridge University Press, 1975), p. 32.

6. David Bressan, "The Origin of Geological Terms: Diamonds", *Forbes*, 30 de abril de 2016, https://www. forbes.com/sites/davidbressan/2016/04/30/the-origin-of -geological-terms-diamonds/#93e4e52ae456.

7. *Para más sobre este tema, lea mi libro Prevail.*

8. "Michael Phelps Wins 7th Gold Title by a Finger Tip", Olympic.org, consultado el 23 de octubre de 2019, https:// www.olympic.org/videos/michael-phelps-wins-7th-gold -title-by-a-finger-tip.

9. "Driver Records & Milestones", IMS LLC, consultado el 23 de octubre de 2019, https://www.indianapolismotorspeedway .com/events/indy500/history/driver-records-milestones/race -milestones.

10. "Genetics", Smithsonian National Museum of Natural History, consultado el 23 de octubre de 2019, https:// humanorigins.si.edu/evidence/genetics.

11. Para más sobre esto, lea mi libro *PUSH.*

12. Josh Salvation, "Meet the Robinsons Ending HD", YouTube, 25 de Julio de 2016, https://www.youtube.com /watch?v=AoXD6Y7CXMU.

APÉNDICE

1. "Decrees and Declarations for a New and Fruitful Day", Campo de entrenamiento de oración City of Faith, 1 de agosto de 2017, http://prayerbootcamp.blogspot.com /2017/08/decrees-and-declarations-for-new-and.html.

2. "Decrees and Declarations for a New and Fruitful Day", Campo de entrenamiento de oración City of Faith.

3. Cindy Trimm, *Rules of Engagement* (Lake Mary, FL: Charisma House, 2008), p. 66.